老上海

会馆公所

薛理勇 著

上海书店出版社
SHANGHAI BOOKSTORE PUBLISHING HOUSE

前　言

近代以后,西方国家在上海的同人团体或组织的 club 被上海人译作"总会",如英侨的 Shanghai Club 叫做"英商上海总会",美侨的 American Club 叫做"美国总会"或"花旗总会",德侨的 The German Club(又作 The Club Concordia)叫做"德国总会"等,而中国人在海外的"会馆"又多用英文写作 club。确实,中国的会馆与西方的 club 是有相同之处的。

明刘侗、于奕正《帝京景物略·稽山会馆唐大士像》:"尝考会馆之设于都中,古未有也,始嘉、隆间……用建会馆,士绅是主。凡人出都门者,藉有稽,游有业,困有归也。"一般认为,会馆作为一种专用的机构或处所名称出现于明嘉靖、隆庆年间,是指省、府、州、县设在京师、省城的同乡人机构,使同乡人在异乡找到一个归宿,帮助同乡人解决住宿或其他困难。中国古代实行科举考试,府、县一级的考试称之府试、县试,通过者获得秀才资格,省一级的考试称之乡试,获秀才资格者才有机会参加乡试,通过者获举人资格,京师的考试就是会试,通过者可获进士出身、同进士出身、赐进士出身,统称"进士",就可能直接或候补放官。京师离地方很远,而只有获举人资格者才能到京师会试,一旦考得好成绩获取进士资格,就将得到进殿面见皇帝,被放以一定的官职。于是,一些省或富庶的地方就会在京师设立会馆,招待本省考生,我想,京师会馆出现,大概就是这个原因。到了清代,"会馆之设于京师,以为官游宴聚栖止之地,所以联洽乡谊也","士之试京兆礼部者,各郡县类有行馆为之栖止",会馆是地方政府设在京师的招待所;当然,朝廷也会定期不定期地将朝廷的人事变动、国家形势印成邸报,通报相关官府或地方,京师会馆的另一个作用就是帮助地方政府打通朝廷的环节,向地方政府通报京师情报,于是,京师会馆又犹如今日地方派驻北京的"办事处"。

明朝和清初实行"海禁",就是禁止或限制在中国近海开展航运和贸易,许多在元朝发展起来的沿海港口立即衰落。清康熙二十二年(1683年),清军收复台湾,标志着沿海反清武装被肃清,两年后,雄才大略的康熙皇帝解除了中国实行了三百年的海禁令。中国东、南靠海,长江口位于中国海岸线之中点,习惯上以长江口为界,以北的海面称"北洋",以南的海面称"南洋"。北洋依托的陆地是华北、华东平原,黄河在这里直泻大海,千万年来,受潮汐的影响,黄河夹带的大量泥沙入海后就沉淀下来,沿海形成绵延几十里,甚至百余里的滩涂,涨潮时,滩涂被海水淹没,落潮时,滩涂又露出水面,只有上海制造的沙船,山东制造的卫船,利用其是平底浅船的特点,可以在沿海的夹沟中穿行;南洋依托的陆地是闽浙的山地和丘陵,沿海多悬崖、岛礁,水深浪急,只有福建、浙江、广东制造的深水海船才适宜在这里航行。换言之,从山东辽左南运的货物,先由沙船、卫船南运,进长江口到上海港后,改装南方深水船后才能继续南下,而从粤闽浙北运的货物,先由南方深水船北运,进长江口到上海港,改装沙船、卫船后才能继续北上。上海特殊的地理位置和优越的港口条件,注定它就是中国近海南北航运的枢纽和中心,是货物的中转站、集散地。在康熙开放海禁后仅三十年,康熙五十四年(1715年),上海的沙船商就在上海成立"商船会馆",这是上海出现的第一个同业团体,又若干年后,福建泉州、漳州两府的海运商人在上海成立"泉漳会馆",潮州商人在上海成立"潮州会馆",以后,又有更多的会馆公所建立,与北京的会馆不同,上海的会馆公所主要是商人的同乡、同业团体。

中国的"会馆"或"公所",早期均被西方译作guildhall,而guild,则多指欧洲中世纪时为了互相帮助和保护,同业之间形成的同业组织,相当于中国的同业公所、公会、协会。从汉语的通常释义中,会馆一般指同乡人团体,而公所多指同业的协会,而在中国,往往会是同一地方、区域的人从事相同或相似的职业,而进入上海的商人、手艺人尤其如此,于是,在上海,会馆与公所往往混用,如商船会馆,泉漳会馆明明是海运商人团体,但它就被称之"会馆",而"四明公所"明明是宁波人的"同乡会",但它又被称之"公所",所以,我们不能根据称谓而确定是同乡会馆或同业公所,而只能根据其组织结构和职能来确定其是同乡会馆或同业公所。

会馆公所的主要作用就是"所以联乡情,笃友谊",对客居他乡的外帮人来讲,建立自己的会馆才能一致对外,保护自己的利益,而对同业来讲,有了同业的组织,才能排解同业纠纷,制定同业规矩,避免同业竞争,保护同业利益。当然,落叶归根,旅沪的外地人不希望客死他乡,而靠私人的力量是难以或无法"扶柩归乡"的,于是,上海的会馆公所另一个重要的职能,就是解决同乡、同业的寄椁、暂厝、运柩等殡葬困难。

对社会和政府来讲,会馆公所又是政府与百姓之间的"中介",民众遇到特殊的困难,可以求会馆公所帮助,而政府在管理上有不顺手之处,也可以由会馆公所协调,可以避免民众与政府的直接对话、冲突,所以,上海的历届政府均会给申请建立会馆公所者较大的支持。

中国是宗法制度十分严重的国家,于是,上海的会馆公所的组织构架、行政制度会有宗法制的深刻印痕。古代,往往一个地方、地区、地域的人会从事同一种或相似的职业,于是,上海的不少会馆公所并不见得就是完全的同乡或同业团体,如丝业会馆只是以浙江杭嘉湖地区丝业商人的团体,浙绍会馆只是以绍兴钱业、炭业为主的商人团体,锡金会馆只是江苏无锡米业为主的团体,不论会馆或公所,其大多是同乡人中的部分同乡人,同业中的部分同人的组织,无法代表全部旅沪同乡人或同业同人的利益。1909年,鉴于原四明公所在处理"四明公所事件"失利的教训,旅沪甬人领袖虞洽卿、朱葆三等发起成立旅沪宁波同乡会,得到更多的旅沪甬人的支持,以后,各地旅沪客家相继建立同乡会,使原来的同乡会馆的地位明显下降。1918年4月,中华民国农商部颁《工商同业公会规则》,规定由地方商会负责,"以维持同业

公共利益,矫正营业上之弊害为宗旨",建立同业公所;1923年又颁布《修正工商同业公会规则》,其中第九条说:

> 本规则施行前,原有关于各工商业之团体,不论用公所、行会或会馆等名称者,均得照旧办理,但其现行章程规例,应呈地方实业行政主管官厅,或地方最高行政长官,转报农商部查核备案。嗣后修改时亦同。
>
> 前项公所、行会或会馆存在时,于该区域内不得另设该项同业公会。

措词婉转,但言简意赅,就是讲,在《工商同业公会规则》实施后,如有新的同业公会建立,原有的同业公所会馆的职能解除,如没有新的同业公会建立,准许原公所会馆继续存在,但其必须根据《工商同业公会规则》修订章程,并报地方商会或最高行政长官批准,再报农商部备案,实际上,经改组后的公所会馆就相当于同业公会了。事实上,在1918年《工商同业公会章程》颁布后,几乎绝大多数的同业在上海总商会的监督和指导下建立了同业公会,原来的公所会馆对同业的管理、约束权就转移到同业公所,公所会馆已处于"名存实亡"的状态。

上海的会馆公所组织结构、管理模式、职权范围大同而小异。但与以后的"同乡会"、"同业公会"相比较,会馆公所必须有属于自己产权的会所,而许多同乡会、公会只是一个社团组织,一般不建造自己的会所,而是租用住所或房间作为会所的登记地址。上海的会馆公所会长时期在固定的地点,这些会馆公所建筑大多已湮没多年,许多人也想知道那些会馆公所在哪里,建筑又是什么样的?对此,本书努力发掘,考证,使读者可以按图索骥,寻找那些遗址、遗迹,为具体认识上海的历史文化起点作用,做点贡献。

目 录

1　潮州府在上海的三家会馆

11　广州和肇庆人的广肇公所

21　宁波人的同乡会馆——四明公所

30　旅沪甬商的浙宁会馆

35　绍兴人的浙绍公所

43　海宁富商徐棣山与海昌公所

53　福建泉漳会馆

63　福州果橘商人的三山会馆

70　徽宁会馆思恭堂

76　无锡、金匮两邑的锡金公所

81　镇江人的京江公所

86　苏州洞庭东山会馆

94　山东会馆至道堂

103　湖南会馆和瞿真人庙

108　江西会馆

113　四川人在上海的蜀商公所

117　商船会馆

125　钱业公所和钱业会馆

132　昙花一现的汇号公所

137　豆市街与饼豆业公所萃秀堂

145　茶叶业同业公所

152　新发现的米业公所嘉谷堂碑

158　水木业公所与鲁班殿

165　木业公所和震巽木业公所

170　花业公所和售花公所

179　豫园内的同业公所

188　珠玉业和银楼业公所

197　上海的丝业会馆

204　附：清代至民国初年上海会馆公所一览表

潮州府在上海的三家会馆

潮州地区位于广东省的东南部,东面与福建省接界,南面临南海,这里山多地少,土地贫瘠,所以长期以来潮州地区百姓或漂洋出海到南洋等地谋生,或经营海上航运和经商。长此以往就形成了潮州人剽悍而善于算计的风格。有文献记载,在南宋后期和元代,潮州人已通过海上航运进入上海经商。但自从明初朱元璋实行"海禁"政策后,由于近海航运被禁,来上海的潮州商人基本断绝;当清康熙二十四年(1685年)开放海禁后,潮州的商船又开始进入上海,许多潮州人就在上海定居下

潮州会馆的更楼

来。由于潮州人长期在异地经商,所以他们很懂得在客地建立同乡人组织是保护自己的最好方式。

潮州地区来上海的商人主要有:潮阳、海阳(1914年改潮安县)、澄海、饶平、揭阳、普宁、丰顺、惠来八县。乾隆初期,潮州地区八县的商人就联合起来组成松散的同乡人团体,乾隆四十八年(1783年)正式建立潮州会馆,从乾隆初期到嘉庆年间会馆动用经费购进上海东门外地产多块作为会馆产业,其中一块坐落在"上海县二十五保七图小东门外上塘街"的土地就建为潮州会馆。在中国的地图绘制中一般把北方画在上方,南方画在下方,所以全国的大部分地区是把北方称为"上",把南方称为"下"的(如以河流定方位,一般把河流的上游称为"上",下游称为"下")。所谓"上塘街"和"下塘街"就是后来的"洋行街"(即今阳朔路)的北半段和南半段。这个潮州会馆就在现今阳朔路的北段,也就是今阳朔路106弄。老上海都知道这条弄堂以前叫做"会馆弄",它即以潮州会馆所在而得名。

1849年,法租界在上海北城墙(今人民路)与洋泾浜(今延安东路)之间的狭长地块上建立。当时,潮州会馆并不在法租界内,到1860年,法国外交部告知法国驻上海领事,称法国邮船公司(旧也译作"大法国火轮公司")计划开通远东航班,要在上海建立一个专用码头,并且已经看中了法租界至小东门之间临黄浦江之地,于是,法国驻华公使不断向清廷施压,同年,他们就如愿以偿,获得了这块地,当然,潮州会馆的地基就被划进了法租界。《光绪上海县续志》中是这样记叙的:

咸丰十一年，法公使照会总理衙门，议租小东门隔壁直达浦滩小河沿（这条小河就是方浜在城外的那段）之地为轮船官信局，馆（指潮州会馆）基适在其内。同治元年，迫卖益甚，时尚无华人购地之例，乃倩法商富硕行主出名代买，仅购回馆及照墙门埕并左首出浦巷路一条。基仅存一亩七分七厘一毫。

法国人梅朋、傅立德著《上海法租界史》也记录了这件事，根据当时上海道与领事签订的《土地章程》，土地一旦被划进租界，原来的中国业主就不得在自己的土地上建造、翻造房子，不得将土地出租或出售给外国人以外的任何中国人。显然，潮州会馆将面临被法租界强迁的可能，精明的潮州人想出了一个办法，就是抢在法租界当局强行动迁之前，先将会馆的这块土地"永租"给法国有实力，并与自己有生意往来的洋行，由洋行出面到法国领事馆注册登记，获得"道契"（租界的土地证须向上海道署备案，查验后加盖道署铃记，故称"道契"），会馆则与洋行另订一份协议，表示该土地的真正主人是中国业主，此协议书称之"权柄单"，而此类中国业主委托洋商代办注册登记的道契旧时称之"洋商挂名道契"。潮州会馆通过"洋商挂名道契"的方法保存了会馆的部分土地。沪语有"门槛"一词，比喻窍门、诀窍，以及找窍门占便宜的本事，如讲人"门槛精"，那就是精于算计，处处占便宜的人。关于"门槛"一词的来历，一说以为"门槛"即门下面的横档，作用就是加固门，也可以封煞大门，使门外的灰尘不能从门缝里吹进来。古代，对大门的门槛有相应的限制，学府的门槛最高，可以达到八十厘米以上，官宦之家的门槛也较高,民谚有如"门槛太高,高攀不上"之类的话,有些追求虚荣的人就设计高低不同的几种门槛,平时,使用高门槛以示气派,高人一等,如有地位高的人来访,就改用低门槛,以示卑贱,讨好客人,这种就是"活络门槛",沪语也以"活络门槛"喻精明,能随机应变的人;另一说是英语 monkey(猴子)的"洋泾浜语",在中国人的心目中猴子是一种很机灵、精灵古怪的动物,英语 monkey 也有乖巧、机灵之义。沪语又以"潮州门槛"喻门槛特别精(的人),据说即来自这个故事。

《光绪上海县志》中说:"潮属之会馆有三,曰'潮会'('会'疑是'惠'之误)、曰'揭普丰',此则首创者也。"广东潮州府下设八邑,但旅沪的潮州人又以地区和主要经营的行当分为三大帮派,其中以海阳(1914 年改称潮安县)、澄海、饶平为一帮,称之"海澄帮",以潮阳、惠来为一帮,称之"潮惠帮",以揭阳、普宁、丰顺为一帮,称之"揭普丰帮"。

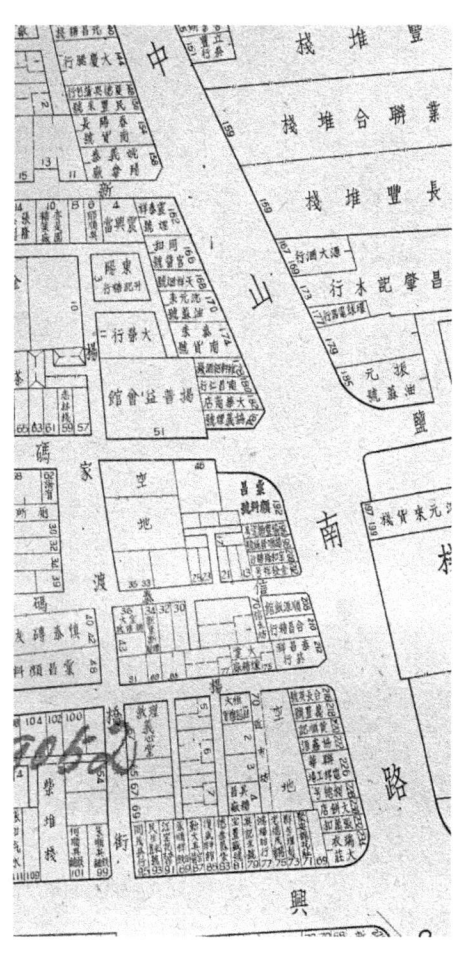

揭普丰(误作"益")会馆在旧盐码头街 51 号

其中潮惠帮主营鸦片和蔗糖业,利润丰厚,实力最强,根据潮州会馆章程,各帮或各商号是根据营业额的抽成作为会费的,毫无疑问,潮惠帮的交费最多,但他们在潮州会馆的发言权却不多,于是他们决定与潮州会馆脱离,另行自己组织"潮惠会馆",刻于同治五年(1866年)的《创建潮惠会馆碑》中有明确的表述,说:

> 吾郡距沪四千里,其航海而懋迁于是者,我潮阳及海阳、澄海、饶平、揭阳、普宁、丰顺、惠来凡八邑。潮始来至今日,百有余年矣。朋簪既盛,物力滋丰。嘉庆年间,于洋行街捐厘公建潮州八邑会馆,奉天妃祀焉。以迓神庥,以敦梓好。三帮之人,雍雍济济如也。三帮者,馆章凡舶中货物或患燥湿,按毗连最近之邑补之,我潮阳与惠来近,遂为一帮;其海、澄、饶近,揭、普、丰近,各为其一,故曰"三帮"。道光初,揭普丰首以其帮之厘,自抽自用;循其旧者,惟海、潮二帮,而二帮中则惟我潮之糖、烟厘最为巨款。十九年,倭芙蓉申禁禁严,他帮有疑我帮贩此者,致我潮亦析其厘,如揭普丰帮,于是我潮乃亟立潮惠公所于振武台城濠之北。咸丰三年,沪城陷,毁于火。六年,复移建于姚家码头内街。十年,寇至,又遭毁。因倭芙蓉新弛禁,称"洋药",我潮此业骤起。同治五年,郭日长部郎倡议,合我潮糖、荎、洋药各按货抽厘,卜吉于十六铺之迤南,经之营之……

当初在洋行街成立的潮州会馆是潮州府下属八邑会馆,根据规定,各帮各商号是根据货物的数量抽成作为会费的,潮惠帮主营糖业、烟业,货价高,抽成也高,"倭芙蓉"又作"阿芙蓉",是古时对鸦片的称谓,鸦片至迟在唐朝从阿拉伯国家经丝绸之路传入中国。鸦片的英文为opium,来自阿拉伯语afyūm,汉语"阿芙蓉"直接来自阿拉伯语,鸦片是罂粟果浆的提取物,罂粟的花十分艳丽,如芙蓉,于是被叫做"阿芙蓉"。道光十九年(1839年)正是林则徐在全国禁烟的时期,走私鸦片是犯法的,但利润很高,于是,潮州会馆认为潮惠帮在干犯法的事而获取暴利,要求他们支付更多的会费,于是潮惠帮决定退出潮州会馆,自行成立"潮惠会馆"。会馆最初设在北门振武台的北面,咸丰三年(1853年)上海爆发小刀会起义,这个会馆毁了,咸丰六年(1856年),又迁姚家码头街重建,没几年又遇太平军东进,会馆又毁了。鸦片战争是英国人借口中国禁止鸦片贸易而发动的侵华战争,战争以中国与英国签订《南京条约》而告结束,但《南京条约》并没对鸦片贸易是否为"合法贸易"作出规定,走私鸦片的现象十分严重,而中国政府又不能对走私鸦片征税,白白损失了许多税收。第二次鸦片战争中,1858年11月8日,中英在上海签订的《通商章程善后条约》中对原来禁止或限制进出口的商品作了调整,其中第五款规定:"向来洋药、铜钱、米谷、豆石、硝磺、白铅等物,例皆不能通商,现定稍宽其禁,听商遵行,纳税贸易。洋药准其进口,议定每百斤纳税银三拾两。惟该商业准在口销卖,一经离口,即属中国货物;只准华商运入内地,外国商人不得护送。"这个"洋药"就是"阿芙蓉"、鸦片,鸦片改称"洋药"后可以公开贸易,并采用"落地税"法,即鸦片一旦进入中国口岸上岸即开始征税,并规定上岸后的鸦片已不再是洋货,而是中国货,只准中国人负责贩运到中国内地各地,外商不准参与,于是,本来就经营鸦片贩运的潮惠帮又迅速壮大,同治五年(1866年)他们就在十六铺以南的黄浦江边重建潮惠会馆。《创建潮惠会馆碑》中说:"馆基九亩九分九厘七毫,购自王永谊,其值白金二万两。东至黄浦滩,西至大街,南至李姓地,北至郁姓地。于丙寅(1866年)夏四月乙酉日经始,十月落成,统计费银六万五百两有奇。为堂二,于其前祀天后;后之堂为楼,以祀关帝;其左右祀财星、双忠。春秋报赛,廛市机宜,众商以时,会集楼下,雍雍济济,迓神庥而敦梓好者,又在于是矣。"这个潮惠会馆建于1866年,附近没有参照物,位置的记录比较含糊,我手头有一份绘于光绪戊戌年(1898年)的《新绘上海城厢租界全图》,可以清晰地看到,潮惠会馆的确切位置在今大东门外新码头街与毛家路之间的黄浦江边。

刻于光绪二十七年(1901年)的《潮惠会馆二次迁建碑》中说:

潮惠之有会馆,则自郭部郎日长始,沿革本末,土木工用,详同治丙寅创建记文,不再追述。惟是一星未终,浦沙淤积,水口淤塞,于形家言为不吉,群情震动,亟思卜地迁焉……特于浦滨开辟马路,北自十六铺租界始,南竟陆家浜止,悉收路内余地入官,可求善价而沽,兼可升课,以□地税。会馆气局,为所阻塞,实受损伤,是非改建不可。询谋佥同,仍请观察任其艰巨。观察益勤益填,一再相度,得江浒地,坐庚向甲,兼卯酉半线,形家谓为大利,重与营缮。经始于丁酉季冬旬有九日,次岁戊戌季春旬有七日,并撤旧殿之栋梁、椽桷、瓦甓、阶础而用之,不足则续购新者,随于季冬告成事矣。

潮惠会馆的黄浦江边是一个弯口,容易淤积,在会馆建成约十年,这里就形成一个浅滩,江面上的垃圾漂到这里就搁置下来,又没有专门的机构负责清理,环境十分龌龊,人们更认为这里风水不好,就建议搬迁重建,但重建会馆毕竟要花很大一笔钱,还要由专人负责,这件事就一拖再拖。从十六铺到陆家浜口的黄浦江岸是上海的码头作业区,这里十分繁忙,一方面,这里沿江的滩地不断堆积而向江心延伸,商家大多在沿江建立栈桥、浮码头,使江岸不断向外延伸,使黄浦江的航道变窄,另一方面,商家为争夺码头而大打出手,社会秩序非常混乱。1895年,上海知县黄承暄提议,从十六铺到董家渡的黄浦江岸筑一条马路,就以这条马路作为新定的黄浦江岸线,禁止任何商家侵夺黄浦江滩地,另一方面,当时东门外的马路大多是从城里通往码头的东西向马路,也可以用这条新筑的南北向的大路把许多东西向的小路贯穿起来,改善这里南北交通的困难。此建议得到上级的批复后,上海立即组建了"上海南市马路工程局",着手收回或征用这一段滨江的土地,潮惠会馆就在征用的范围,于是,他们得到了一笔数目可观的"动迁补偿款",并利用这笔钱买进了原会馆西面的面积相仿的土地重建潮惠会馆。工程从光绪丁酉(1897年)季冬开始,到次年季春就告成,按《潮惠会馆二次迁建记碑》的说法,新会馆是"撤旧殿之栋梁、椽桷、瓦甓、阶础而用之,不足则续购新者",应该属"落架重建",所以工程仅用了三个月,当然,新会馆的建筑也与老会馆大致相同。

到了民国以后,传统的会馆功能逐渐削弱,就在会馆里创办了旅沪潮州人子弟学校——上海潮惠中小学校,旧址为中山南路471—479号,如今,在南外滩改造工程中,原会馆的全部成为今日"老码头"的一部分。《光绪上海县续志》中讲:"潮惠山庄,在二十五保十五图里日晖桥东。光绪三十年(1904年)建。高墙环形者为大门,迤内为正门,再进为山门,中为正厅,后为观音殿,左右屋各四进,分男女殡舍、客厅、土地祠等,北隅为丛葬处……"日晖港已填平筑成瑞金南路,旧时,斜土路跨石晖港的桥叫"观音桥",就是以潮惠山庄内的观音殿而得名的,潮惠山庄在今瑞金南路东面的斜土路上,今天,这里已经成为上海的中高档住宅区。

在"潮惠帮"脱离潮州会馆后,"揭普丰帮"也开始筹划脱离潮州会馆,成立自己帮派的会馆。《光绪上海县续志》说:

> 揭普丰会馆,在盐码头里马路。光绪十二年(1886年)粤东揭阳、普宁、丰顺三邑商人公建。伊永璋等禀县给示。正殿奉天后。

免去繁琐的考证,"里马路"即今中山南路,盐码头街今尚保存西面的一段,揭普丰会馆的旧址为盐码头街51号,其原址为今中山南路金外滩国际广场的一部分。

潮州帮是上海最大的鸦片集团,早期开设的郭源茂、陈洽记、郑协记、陈祥丰、李隆吉等土行几乎垄断了上海的鸦片市场,潮惠人开设的

"挑膏店"(加工和零售鸦片的商店)和"燕子窝"(吸食鸦片的吸烟者会定时到烟店吸烟,犹如燕子会准时回到搭在人们家中的窝一样,据说,把吸烟店叫作燕子窝即来源于此)也遍布上海城乡。

一般从外地进入上海的烟土是直接从产地进来的半成品,含杂质量大,不能直接吸食,所以挑膏店将烟土放在一个很大的铜镬加水溶化,滤去杂质,再用小火将溶液吸干,就成了杂质少而半透明的烟膏。零售的鸦片分成了小包装,或直接制成圆粒,叫做"卫生丸"。吸食时将"卫生丸"放在烟筒中用微火烘软使之全部附在筒上,再略加大火焰使烟土内的可食部分(即吗啡)升华成气体吸入口中。如火候不足就会使烟土"夹生",而火焰太大又会使烟土烤焦而成"焦泡",不论是"夹生"和"焦泡"只能丢弃。于是,潮州商人想出了一个回收废烟土的办法,规定废弃的烟土可以作价购买新烟土,他们则把废烟土重新加工提炼成新烟土。所以也有人说上海方言中的"潮州门槛"是由此而来的。

广州和肇庆人的广肇公所

1842年中英签订《南京条约》规定广州、厦门、福州、宁波、上海五口对外开放之前,广州是中国唯一对外开放的港口,中外贸易只能在广州一口进行,于是在广州出现了中国最早的买办和外贸商人,部分广州商人又从沿海进入上海,形成了广州帮。中国对外贸易的商品主要是茶叶、丝、瓷器三个大类,占出口商品总量的一半以上,而茶、丝、瓷器的主产地在长江中游的安徽、浙江、江西一带,在长江和近海航运并不通畅的情况下,把产地的货品运到广州是很艰难的。中国的地势呈明显的西高东低的趋势,大多数通航的大河是由西向东流的,即使有如赣江、湘江等几条南北向的河流,也往往是不通航或半通航的,以江西的赣江为例,高水位时期,货船可以从鄱阳湖航行到吉安,吉安以下段是绝航的,而低水位时期,船只能驶抵樟树镇(清江县治),以下的路只能靠人抬肩扛了。有人作过统计,从产地将货物运到广州,运输成本就等同于货品的价值,甚至更高,江西与广东交界处均为山地,十分不安全,如货品被抢,那损失就更大了。于是当1843年上海开埠后,原来设在香港、广州的洋行逐渐向上海转移,许多买办也追随洋行进入上海,同样,不少从事外贸的广东商人也逐渐向上海转移,在上海开埠后十年,上海的外贸总量已超过广州而居全国第一。广州人也在上海建立他们的同乡人组织。

《光绪上海县续志·卷三·会馆公所》:

> 广肇公所,在二十五保三图公共租界宁波路。同治十一年,粤东广州、肇庆两府人公建。另设广肇义学二,并设广肇医院、广肇痘科分医院。又,广肇山庄,初在新闸大王庙后,嗣迁闸北叉袋角广肇里。

19世纪80年代《申江胜景图》绘"广肇公所"

不过,《上海肇庆会馆历年数目征信录·上海广肇会馆序》的说法略有不同,说:

> 沪渎通商,甲于天下,我粤广、肇两郡或仕宦,或商贾,以及执艺来游,挟资侨寓者,较他省为尤众。旧设会馆于城内,早已毁于兵燹。同治壬申(即同治十一年)叶观察顾之重权是邑,集乡之人,筹议捐资,首倡作重新之举,而韦秀州、徐荣邨、潘爵臣、唐景星诸观察,黄亮甫、吴子石两司马等董事劝捐,同乡诸君子复慷慨以助,乃于邑城北,土名"二摆渡",购巨室一所,为坐坎向离之原,价银三万一千两。时捐款仅二万余金,不敷者尚巨,遂辗转按揭于麦加利、源隆诸行……

文字表述得很清楚,就是"旧设会馆于城内,早已毁于兵燹"。据《同治上海县志》中说,在上海县城西城内有一"广安会馆",是旅沪广东人会馆,这里与清军在上海的"提标右营游击署"很近,1853年小刀会起义前夕,广东的三合会成员就潜伏在这里,等待命令,向清兵发起进攻。当小刀会被镇压后,广安会馆因参与暴乱而被政府充公。广安会馆在一条叫"半段泾"的小河的北岸,1906年后,上海填半段泾筑路,因这里有一蓬莱道院,遂取名蓬莱路。民国肇始,上海就在广安会馆旧址建上海县衙门,约1915年启用。1927年,上海设上海特别市,原上海县东部的区域大多被划进特别市,仅剩西部的农村地区属上海县,设在上海城里的县署不在上海县的土地上,1933年,上海县署迁北桥镇,旧址就归警察署,解放后长期为上海市公安局南市分局址,址今为蓬莱路171号。

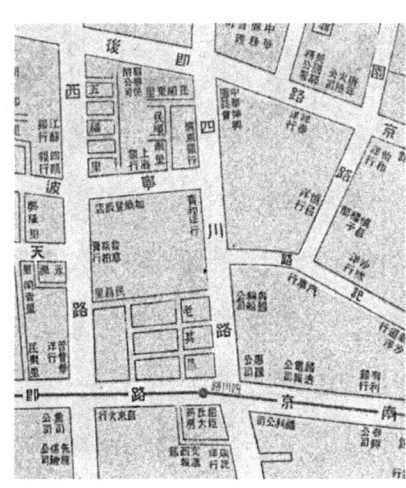

1918年上海地图标"老旗昌"位置,其北面的"广东银行"就是广肇公所原址

上海的广安会馆因参与小刀会起义而被清政府严加惩罚和监视,要想恢复建立是难上加难的。叶廷眷,字顾之,广东香山(今中山市)人。同治六年(1867年)署理上海知县,次年卸任,十一年复任署理上海知县,次年,授知县,在他的努力和倡议下,上海的广州、肇庆两府人才有机会恢复成立"广肇公所"。《光绪上海县续志》中讲:"广肇公所,在二十五保三图公共租界宁波路",而《上海广肇会馆序》中讲:"乃于邑城北,土名'二摆渡',购巨室一所"。用词不一,但指的是同一个地方。上海开埠之前,吴淞江(苏州河)上没有桥梁,过江全凭摆渡,第一个摆渡口称"头摆渡"或"外摆渡",今外白渡桥旧名"外摆渡桥",即以摆渡口得名,第二个摆渡口就称"二摆渡",旧址在今江西路苏州河,不过,沪方言"二"念如ni,不能念错。免去繁琐的考证,约1916年,广肇公所的建筑被建为广东银行,旧址相当于今宁波路四川中路交叉口的西北角。

20世纪80年代开始的住房改革中,住房作为商品进入市场,人们可以"抵押货款"的方式,将买来的房屋向银行抵押借款,再分期向银

"老旗昌"旧址在南京路四川路交叉口西北角,是旅沪广东人最喜欢去的娱乐场所

行付还欠债,上海出现了一个新名词——按揭,大多数人认为"按揭"是从香港话植入的,而香港话"按揭"则是英文 mortgage 的外来语,不过,在写于1899年的《上海广肇会馆序》中已出现"遂辗转按揭于麦加利、源隆诸行",上述的判断,似还值得商榷。

真如《上海广肇会馆序》中所讲:"我粤广、肇两郡或仕宦,或贾贾,以及执艺来游,挟资侨寓者,较他省为尤众",旅沪的广州、肇庆人有的为官,有的是买办,有的是商人,还有的在上海从业,他们举家迁到上海,并在上海定居,并在上海的虹口形成了"广东街"或广东人居住区,虽然部分广东人希望在逝世后落叶归根,更多的就是选择葬在上海,旧上海广东人墓地的数量很多,墓地面积占各籍人之首。"嗣冯廉访使竹如权江海关,郑光禄玉轩权津海关,复先济美捐俸赞成,陈星使菱南、黎京卿召民均乐为捐廉,而有以善其后,由此,山庄、医院鼎足而起,斯同乡郡县之人有宾至如归之乐"。"冯廉访使竹如"即冯浚光(1830—1878),字竹如、竹儒,广东南海(广州)人。咸丰二年(1852年)举人,同治四年(1865年)任江南制造局总办,十三年,授上海道(上海道主管江苏海关,故又称"海关道"),光绪元年(1875年)在上海设立"洋务局",捐银二千两资助上海格致书院造屋,是诸上海道中较有作为者之一。他是广州人,对上海广肇公所事业的拓展起了很大的作用。旅沪的广东人大多居住在虹口,广肇公所办的学校和医院均在虹口,址今为海宁路350号。上海旧时把较大的坟地称之"山庄",最初,广肇山庄设在"新闸大王庙后",就是今天新闸路以北,成都北路一带的地方,1899年,这一带被划进公共租界,这块土地出卖后迁到"闸北叉袋角广肇里"。"叉袋"是以前上海农民装棉花的一种大口袋,袋口上设计有"耳朵襻",形似今日的"马甲袋",襻打结就能把袋口锁住,故称"叉袋",这种口袋大多用麻编织,又称"麻叉袋";上海是水乡,多河流,当河流发生转弯时,上海人把凹进去的一面称之"湾",外凸处称之"嘴"或"角",苏州河在今昌化路至长寿路桥一段,河流多弯,形成多个外凸的"角",形似"叉袋",该地段俗名"叉袋角"。1923年版《上海指南·卷三·丙舍》中记:

广肇山庄。广肇路(恒丰路西)。

广肇新山庄。叉袋角。

解放前的"广肇路"就是今天的天目西路和长安路，就是以广肇山庄而得名的。在上海死亡的广东人大多选择葬在上海，原有的广肇山庄也因城市建设的原因，逐渐成为市区或工厂区，山庄不仅无法拓展，反而在萎缩。约1924年，广肇公所在宝山县，相当于今闸北区江杨南路、平顺路、场中路、汾西路圈内土地二十公顷建立新的广肇山庄，到解放初，又实际拓展到六十六公顷，是上海占地面积最大的会馆公所山庄。1958年，山庄被注销，分期建成上海早期的工人新村——彭浦新村。

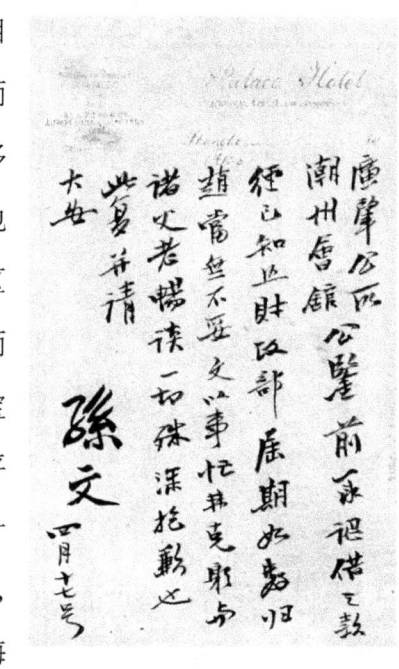

辛亥革命期间孙中山写给广肇公所、潮州会馆的亲笔函，使用上海Palace Hotel，即汇中饭店的便笺

《广肇会馆规条》中说："公所遇有同乡系安分之人，被人欺侮，或被牵累，公同具禀保释等事，必须先约的实同乡店铺，写立保字，恐保出之人或犯事端，即为其保人是问，不得空言为凭。"广肇公所是上海实力较强的同乡人组织，并致力争取同乡人利益，其中有两桩案件在上海史上很有影响。

杨月楼，安徽怀宁人，少年时在北京拜京戏名家张二奎为师，后闯荡上海，1872年四月在金桂轩茶园演出，唱腔清润嘹亮，武功卓绝，遂声名鹊起，不久又转入上海著名的丹桂茶园，又轰动上海。次年初，广东籍人韦王氏携女儿阿宝去丹桂茶园看戏，见杨月楼善解人意，暗生爱慕之情，阿宝更是情不自禁，写情书表示愿下嫁杨月楼，杨月楼贪韦家财富和阿宝美色，欣然同意，并公开往来。韦氏是旅沪广东巨商，韦氏族人坚决反对阿宝下嫁戏子。于是，韦王氏与杨月楼约定以旧俗"劫婚"，乳母带阿宝出走，并携带大量细软珍宝，杨月楼则中途接应。该事被韦家发现后，即请广肇公所帮忙处理，公所立即向会审公堂投诉，要求严办，因为该事不涉及洋人，即由会审公堂转上海县衙门处理。杨月楼被捕后，在严刑之下被迫招供，承认与阿宝通奸在先，"劫婚"在后。几天后，韦王氏主动投案，想替杨月楼说情，承认该婚事系她本人同意，其夫韦某也私下允诺。当时的上海知县就是提议恢复广肇公所的叶廷眷，为了维护广东人荣誉和利益，他提出不准翻供。后来，杨月楼被判"杖八十，永世不得来上海"。该案史称"杨月楼案"，后来不断被演义，被人们称之清代"四大奇案"之一。

另一件是"黎黄氏案"，又称"大闹会审公堂案"。1905年12月6日，在四川某地当官的广东人遗孀黎黄氏，携带奴婢十五人乘长江轮"鄱阳"号轮，经上海返回广东原籍，上海租界工部局接到镇江密报，称有广东女人拐骗妇女多人，经上海去广东，工部局即出警守候码头，并拘捕黎黄氏一行。此案情比较简单，只要稍加侦察、审讯即可结案。根据上海公共租界会审公堂章程之规定，这是一件侦办的案件（相当于公诉案件），应有洋、华法官同堂会审，而会审公堂中国谳员关炯之、金绍成认为该案件不涉及洋人和洋人利益，建议暂押会审公堂女押所候讯，于是与英国陪审员、副领事德为门（B. Twyman）发生争执，德为门十分生气,借口该案件系重大拐骗案,下令将黎黄氏一行先交巡捕房关押。而根据规定,在会审公堂未审或待审的人犯应该暂押会审公堂押所,关炯之、金绍成即提出,此事有关法律程序,应上报上海道后作处理。德为门恼羞成怒,说:"本人不知有上海道,只遵守领事的命令。"关炯之针锋相对回答:"既然如此,本人也不知有英国领事。"德为门责成巡捕立即将黎黄氏一行带出会审公堂,关押到巡捕房监狱。于是,一件简单的案件引发成两国的冲突。次日,上海广肇公所召开同乡人大会,证明黎黄氏系他们同乡人的妻子,随行的女子均为家人和奴婢,因丧夫回家乡,并无拐骗事实,而英人德为门的行为已超越法律,应该立即改正和致歉。广肇公所致电外务部、商务部,说明事实,并向上海英国领事提出抗议。上海道也对英国领事违反会审公堂章程,超越法律的行为表示不满和抗议。12月13日,北京公使团迫于清外交部的压力,电告上海领事团(这是各国驻上海领事的组织,协调国与国之间,各国与上海政府之间事务的机构,领事团领袖由各国领事选举产生,由于英国在上海的势力太强,大多数国家的领事不会投票选举英国领事担任领事团领袖,所以,领事团领袖往往由德国之类的中等国家担任)将黎黄氏送回会审公堂,当场释放。恼羞成怒的英国领事被迫释放黎黄氏一行,但心犹不甘,没有按规定将黎黄氏一行送回会审公堂,而是送到广肇公所后释放,于是上海又发生了更大规模的抗议活动,造成"大闹会审公堂事件"。上海道为防止事态进一步发展,一面饬令开市,一面张贴告示,严禁再生事端,广肇公所也积极配合上海地方政府,恢复正常社会秩序。年底,上海道与工部局达成协议：一、将会审公堂押所改为会审公堂女监,以后会审未决的女犯交女监看守,但允许工部局到女监检查卫生;二、英方暂不撤换德为门的陪审员资格,日后调离岗位。"黎黄氏事件"最终以中方小胜而告结束。

宁波人的同乡会馆——四明公所

旧上海有租界,租界不隶属中国的行政体系,有自己的行政体系和法律制度。上海租界之外的市区称之"华界",在相当长的时期里,上海市区被划分为公共租界、法租界和华界,而华界又分隔为南市和闸北,人们把旧上海行政割裂的现象称之"三界四方"。"三界四方"各自为政,于是地名混乱,路名重名的现象颇为严重。如旧上海有两条"宁波路",一条叫"英界宁波路",也就是今日的宁波路,另一条是"法

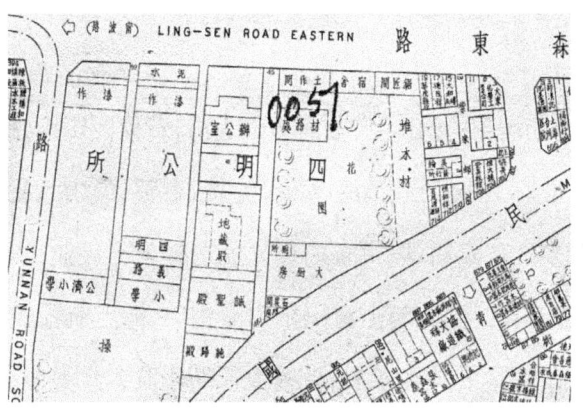

林森东路即今淮海东路,初名宁波路,以四明公所得名

租界宁波路",它是以这里有一个旅沪宁波人团体——四明公所取名的,1943年改称"泰山东路",1945年又以南京国民政府主席名重新命名为"林森东路",即今淮海东路。这个"四明公所"是上海建立较早、势力最强的同乡会馆,这里也曾发生过两次"四明公所事件",对上海的影响很大,也留下了许多可歌可泣的故事。

蓝蔚雯(?—1860年),原籍广东大埔,寄籍浙江定海(今舟山),字子青,号蔗生。初以诸生通过捐例获知县,任署理江苏丹阳等地知县,道光二十三年(1843年),任署理上海县知县,并加"同知"衔。任期恰遇上海四明公所扩建义冢,就应同乡之邀撰《四明公所义冢志》,碑原在四明公所内,碑文较长,略有缺少,抄录部分如下:

> 四明襟山带海,地狭民稠,乡人耕读外,多出而营什一之利。久客他乡,死生莫必,或年久远,子若孤,莫知其所,良可悼叹。癸卯秋,余自昭文移任上海县事,上海为东南一大都会,舟樯云集,商贾辐辏……

四明山是浙江境内的山脉,宁波府东临大海,背倚四明山,故宁波别称"四明",宁波府下隶鄞县、镇海、奉化、定海、慈溪、象山六县,这里地少人多,部分乡人在家耕读,更多的乡人就选择外出谋业。宁波位于浙江东部,杭州湾的南面,与上海隔杭州湾相望,海上航程较近,交通十分便捷,自清康熙开放海禁后,就有大量的宁波人乘海船越过杭州湾进入上海,并很快成为上海移民的主要群体。在鸦片战争以前,善于经商的宁波人只能通过广州的"十三行"开展对外贸易,由于语言不通,吃哑巴亏的事不少,当1843年上海开埠后,许多宁波商人也放弃广州,进入上海。1860年,由五位粗通英文的宁波商人合作编著、出版了英语会话手册——《英话注解》,正如该书序言中所讲:

> 窃维中外通商,始于乾隆年间,广东之香港,斯时皆用粤人为通事(即翻译),以通其言语,即我帮业广号者,均与十三行交易,不知外国之商情也。至道光壬寅,奉旨五口通商,贸易日盛,而以上海为大宗。初通之际,通事者仍系粤人居多,迄年以来,两江所属府县亦不乏人。

大量从事外贸的宁波人进入上海,更使宁波人成为上海最强势的"客家人"。

《光绪上海县志·卷三·会馆公所》:

> 四明公所,在二十五保四图。嘉庆二年,宁波费元圭、潘凤占、王秉刚等创募一文愿捐,购地建厂寄柩,而以余地为丛冢。

《四明公所义冢志》也讲:

> 是举倡于嘉庆二年丁巳,首事者钱君随、费君元圭、潘君凤占、王君忠烈等,合四明同乡之从宦服贾于兹土者,以金钱三百六

十文为一愿,量力佽助,买地北郊,广袤三十余亩为义冢。旋思上海距四明程甫千里,扶梓尚易;遽尔掩埋死者,与子孙恐有佽憾,为建置厂屋二十间以寄柩。柩寄厂,三年,始行厝葬。

四明公所牌楼,现已公布为文物保护单位

上海的宁波人很多,还有不少是单独背井离乡谋业者,中国根深蒂固的思想和习俗,客死他乡的人也要想方设法落叶归根,埋葬到家乡的祖茔中,且上海至宁波的水上交通便捷,扶柩归乡的路不难,但灵柩的寄存,等待运输是相当艰难的。于是有几位声望较高的宁波人创议,旅沪的宁波人每天节省一文钱,一年就能有三百六十文,把三百六十文作为一愿捐出来,在上海建立义冢,就是宁波人的公共墓地,埋葬客死上海但又无能力扶柩回乡的孤老。另外建立一个"寄柩厂",中国古代风俗,人生七十古来稀,五十岁已是"夕阳"之年了,就得为自己准备"寿材",以便死后使用。在农村里,住宅的空间比较大,大多数家庭会在厅堂的后面搭一个阁,寿材可以放到阁上,不占空间,不妨碍观瞻,但生活在异乡上海的客家人家庭不会有太多的空间,寿材实在没地方放。同样,当人逝世后,"三日入殓",就是第三天后把尸体放进棺材,放了尸体的棺材称之"柩"、"灵柩"。一般入殓后数月或数年才正式下葬。在农村,一些寺庙道观可以有偿寄柩,在上海死亡的宁波人,灵柩必须在上海寄放一段时间,再由四明公所统一择日租船运回宁波,于是,四明公所成立时就建了"寄柩厂"。可见,上海的四明公所最初成立的目的,就是一个同乡人的慈善团体,帮助同乡人处理埋葬、寄柩,棺木运输。过了一段时间,客居他乡的同乡人会遇上许多困难和问题,需要帮助和克服。于是,四明公所的职能和职权不断发展、扩大,成为一个联络同乡感情,济困帮穷的同乡会馆。《四明公所义冢志》中讲:

> 洎八年癸亥,建封关帝庙,始谥曰"四明公所"。十四年己巳,旁供土地祠,添置厂屋二十间,以分男女,继广田亩,以继埋葬。

四明公所义冢建于清嘉庆二年(1797年),而正式称"四明公所"是嘉庆八年(1803年),位置在上海北门外二十五保四图。但是,进入近代以后,局势就发生了变化,1849年4月6日,上海道麟桂与法国驻上海领事敏体尼签约同意在上海设立法租界,并以告示的方式正式对外宣布,规定:"南至城河,北至洋泾浜,西至关帝庙诸家桥,东至广东潮州会馆沿河至洋泾浜东角",面积986亩的土地为法租界,这个区域相当于东起外滩,西至西藏南路,人民路与延安东路之间的土地,当然,位于北门外的四明公所的全部土地被划进了法租界。虽然当时划定租界时,允许中国人保留自己的土地,允许中国人到原来自己的坟地扫墓。但租界的城市化进程较快。于是四明公所又在法租界里拥有一块占地30余亩的义冢,以及面积不小的"寄柩厂"。由于义冢中所埋大多是客死上海的宁波穷人,造成墓地管理很差,在环境上对于租界市容有所损害,在卫生上对租界的安全有影响,所以,法租界视四明公所为眼中钉,肉中刺,非铲除不可。

1874年,法租界以筑通徐家汇的马路为理由,要求四明公所让出部分土地。这件事遭到公所的反对,于是法租界无视设立租界时订立的关于租界内原有坟地的规定,强行挖掘公所坟地,拆毁公所建筑。法租界的恶劣行为马上遭到旅沪宁波人以及上海市民的反抗,法租界竟调动警察对手无寸铁的中国人大打出手,于是爆发了造成死伤多名中国人的"第一次四明公所惨案"。这次惨案引起更多的上海市民集中到法租界公董局(旧址即今公安局黄浦分局),抗议法租界的恶劣行为。以后,这件惨案通过官方调停才得以平息。1878年8月15日上海道与法国驻上海总领事达成协议,该协议也刻在《为四明公所血案结案碑》上,碑是这样写的:

四明公所公立议单

大清钦命署理江南海关道分巡苏松太兵备道褚,大法钦命驻扎福州领事调署上海总领事事务李,为立据完案事:查上海前因四明公所义冢地内欲开马路,于同治十三年三月十八日,华洋民人在法租界内互闹,华人毙命七人,法界房屋被焚一案,两国查办,日久未结。本道现奉南洋通商大臣沈、苏抚宪吴饬知;本总领事奉驻京大臣白饬知;经总理各国事务衙门与法国驻京大臣白面

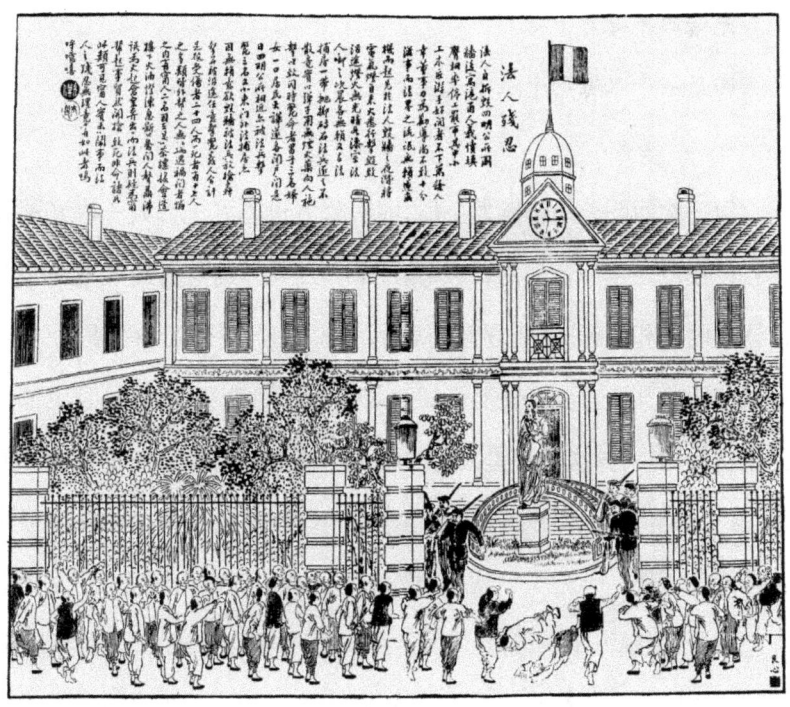

《点石斋画报》根据四明公所惨案所绘的"法人残忍",图中的建筑即法租界公董局大楼,建筑上有钟,俗称"大自鸣钟大楼",旧址今为上海市公安局黄浦分局

商,略去两国律例,专论交情,彼此相让完结。嗣后两国均不得援以为例。所有法、瑞、意三国民人被失房屋物件等一并在内,由中国偿还关平银三万七千两;其毙命华人七名,由法国自愿给恤七千两,彼此交割完案。此后法国租界内四明公所房屋冢地,永归宁波董事经营,免其迁移;凡冢地之内,永不筑路、开沟、造房、种植,致损葬棺。由本总领事特转饬公董局,令巡捕随时照料,以全善举,而敦和好。为此缮立议单,一样两纸,彼此画押盖印,各执为凭,详明上宪立案,须至议单者。计附汉文法文一纸。

光绪四年七月十七日

西历一千八百七十八年八月十五日

第一次四明公所惨案发生后,四明公所也感到这么大一块义冢和丙舍设在市区是不合适的,1894年,四明公所另购宝山县土地三十四亩建立丙舍和义冢,计划逐渐将寄柩厂和丙舍迁往新址(该厂址在今柳营路西北,即今同心苗圃)。1898年时上海鼠疫猖獗,据当时工部局卫生机构调查,这次鼠疫是因海关验关不慎而从海船上带进来的。但是,法租界为了将四明公所驱出租界,一口咬定是四明公所坟地卫生管理不善所致。于是又一次出动军警,并调动停靠在黄浦江上的"麦高包禄号"军舰海军陆战队士兵二百余人冲击四明公所,强行拆除公所围墙。法国人任意曲解事实,无视第一次四明公所惨案协议之约定的行为立刻遭到全市市民的反对。在上海法租界和公共租界发动了罢市活动,在洋行和外国机构、工作和在家庭中帮佣的宁波人全部实行罢工,上海市民连续多天集中到法租界公董局大自鸣钟附近,拆除和烧毁法国人的住宅、商店。第二次四明公所事件的规模更大,但是这次斗争的矛头没有单独指向法国人,在沪的其他各国侨民也受到严重的损失。因此,工部局、英国领事、美国领事只得出面调停。他们一方面劝法国人立即撤兵,另一方面要求四明公所停止罢市和罢工活动。据《四明公所沈洪赍启事碑》中讲,事件发生后"当有美国领事差王松堂先生来,请我洪赍到方镇记商议其事,据美领事云及你宁人与法人失和,我十二国人并无与你不和,为何统要罢工?若要罢工,我十二国人与法国人同拆会馆。后我洪赍即至十一点半钟,去劝二业照常开工。美领事同庄菱晨先生在方镇记,听我回音后,到二点钟法兵去矣。"由于上海政府原则上是站在四明公所立场上的,同时由于英、美与法国的矛盾,他们也对法国采取了相应的措施,法国人被迫作出让步,重新确定了四明公所的界址,并重新建立了围墙。但是由于上海政府的软弱,又同意让出周泾西,打铁浜东的一块地产,换取法国人保证永不侵犯四明公所。

因四明公所迁移寄柩厂和义冢的需要,1903年四明公所又购进日晖港附近土地三十余亩。于是,原宝山的四明公所称"北厂",日晖港的称"南厂",并陆续将法租界的义冢和寄放的寿材分别迁到北厂和南厂,市区仅留下一个办事机构。其占地范围约相当于今淮海东路以南,人民路以北和云南南路以东。解放后四明公所解散,原土地分别被建为南市区豆制品工厂及住宅。鉴于四明公所在近代史上的反侵略反压迫的事迹,近几年在人民路461号四明公所正门原址重建四明公所牌楼式门头,这里也成为上海乡土史和反侵略史的爱国主义教育基地。

旅沪甬商的浙宁会馆

《光绪上海县续志·卷三·会馆公所》：

浙宁会馆，初名天后行宫，在荷花池头。嘉庆二十四年，甬商董萃记等创建。咸丰三年，寇毁。五年，因承运京粮，无议事所，号商董椿记、方振记、李慎记、赵钜康等集资重建，后厅曰"正谊堂"。九年，工竣，乃定今名。光绪七年，以历年所积捐款增置基地。重建大殿、戏台、看楼，阅三载告成。司其事者为方振记、新记、镇康云。基九亩有奇。

浙宁会馆实际上是浙江宁波的船运商人建立的同业公所。宁波与上海隔杭州湾相望，水上交通十分便捷，海船在顺风顺水的情况下，几天就可以抵达上海港。正如《四明公所义冢碑》所讲："四明襟山带海，地狭民稠，乡人耕读外，多出而营什一之利"，宁波背山依海，人口稠密，可耕地明显不足，于是，一部人在家乡耕读，还有许多人外出经商、打工。当清康熙1685年开放海禁后,许多人选择了上海,清嘉庆二十四年(1819年),宁波的海运商人就在大东门外置地兴建了"天后行宫",这是同业敬奉航海保佑女神——天后的场所,也是同业聚会议事的地方。据记载,他们还在天后行宫里挖了一个不小的池塘,广植荷花,于是这里也被叫做"荷花池",今天的大东门外还有一条叫"荷花池弄"的小路,这就是当年荷花池留下的痕迹。

在本丛书中经常提到,中国东南临海,长江口位于中国南北海岸线之中点,习惯上把长江以北的海面称之"北洋",以南称之"南洋",上海位于长江口的南岸,属于"南洋",也处于南、北洋的交接处。北洋依托的陆地是华北、华东平原,千万年来,黄河夹带的大量泥沙在注入大海时沉淀下来,使北洋形成几十里,甚至百余里的滩涂,涨潮时,滩涂被海水淹没,退潮时,滩涂又露出水面,于是,只有上海制造的沙船和山东制造的卫船,这种平底浅船才能在这里航行;而南洋依托的陆地是闽浙的山地丘陵,近海多悬崖、岛礁,水深浪急,只有闽浙制造的深水船适宜在这里航行,也就是讲,北方南运的货物,必须进上海港,改装南方深水船才能继续南下,而南方北运的货物,也必须进上海港,改装沙船、卫船才能继续北上。所以,宁波商船主要承揽上海以南的南洋航运。

众所周知,所谓漕运就是"南粮北调"的水上航运,江南是中国稻米的主产区,为了解决北方粮食供应不足的困惑,从元朝起,中央政府对江南的征税部分实施实物税,就是对江南的征税直接征收稻米,再把稻米运往北方。明朝实行"海禁",就是禁止在近海开展航运和贸易,漕运主要依靠运河运输,清承明制,漕运也走大运河。到了清朝中后期,尤其到了嘉庆以后,一方面是漕运量不断上升,另一方面则是大运河的北段淤塞严重,通航能力下降。于是,江苏省在上海设"江苏海运局",将部分漕运委托上海的沙船商,走近海北上,而浙江的漕运仍走大运河北运。咸丰三年(1853年),太平军攻占南京,改南京为"天京",建立太平天国王朝,并控制了长江的部分水域,运河的航运受到严重影响,浙江漕运无法正常进行。而漕运被列为国家头等大事,地方官不能把漕米按时运到指定地方,主管人轻者罢官,重者服罪,于是咸丰五年(1855年)杭州知府王有龄(次年晋署盐运使,1858年晋浙江巡抚)就遣"红顶商人"胡光墉(雪岩)到上海,筹划仿江苏漕运的做法,将浙江漕运改为委托沙船商运。据记载,由于浙江已处于战争状态,漕米的征收已十分困难,胡雪岩就利用与上海沙船巨商郁泰峰的关系,在嘉定一带直接收购粮食,再委托上海沙船商北运,总算完成了浙江漕运任务。漕运是长期任务,于是在胡雪岩的提议下,将宁波船商的天后行宫改组为浙宁会馆,并将"浙江海运局"也设在那里,与浙宁会馆的隔壁,《光绪上海县续志》中记:

> 浙江海运局,在王家嘴角西。同治年购建。初,浙漕由沙船协运,嗣轮船分运后,始专用宁船。每岁冬,浙江巡抚派员来沪,于此办运。

浙江的漕运,先由宁波船从浙江运抵上海,再改装沙船运往北方,后来,沙船被轮船招商局的火轮船替代了,于是,浙江漕运的沙船运输部分也改用火轮船运输。漕运是国家的"南粮北运",规模十分庞大,承接浙江漕运的宁波船商也由此发迹,于是,几家发达的宁波船商又集资大兴土木,重建和扩建浙宁会馆。《申江胜景图》由上海《申报》馆刊印于1884年,绘图者是近代著名画师吴友如,所绘画者均为当时上海名胜名迹,此时,浙宁会馆刚全部建成,遂被《申江胜景图》收入,从画中可以看到,浙宁会馆建筑画栋雕梁,勾心斗角,十分华丽和壮观。到了清末,随着中国商品经济的发展,把江南的粮食运往北方有利可图,许多商家投入"南粮北运",清末,清廷废除漕运,浙宁会馆失去了独揽浙江漕运的优势,地位逐渐下降。

《申江胜景图》绘"浙宁会馆"

民国以后,旧同业公所的职能逐渐被同业公会替代,浙宁会馆机构尚在,但地位和职权明显是今不如昔,于是,部分空地和建筑出租为仓库以维持生计。1937年"八一三"淞沪战争中,遭兵燹而毁损严重。1956年,会馆正式关闭,旧址作为一般民房大修。当时的上海市历史与建设博物馆(今上海市历史博物馆的前身)派人到现场,工作人员无法把拆下的精美的建筑征集回馆,就将砖刻的"浙宁会馆"门匾征集回馆,如今看来,它是一件珍贵的近代文物了。

绍兴人的浙绍公所

《光绪上海县续志·卷三·会馆公所》：

> 浙绍公所，在穿心街。乾隆间，浙江绍兴府人公建。又，浙绍永锡堂丙舍，在老闸，道光八年创设，嗣辟租界，因价让白莲泾内同仁辅元堂地迁葬。复于斜桥西购地，建筑规模始备。

浙江绍兴与宁波相邻，地理环境相似，为了克服地狭人稠的困惑，绍兴人除"耕读外，多出而营什一之利"。绍兴与上海隔杭州湾相望，在清康熙1685年解除海禁后，绍兴人就漂洋过海来到了上海。众所周知，至迟从明初开始，棉花就成了上海的主要经济作物，粮食的种植面积很小，上海的粮食大部分依赖外埠供应。上海濒海，是沉积成陆的土地，水质咸而涩，不宜酿酒，所以上海只有农家自酿的"老白酒"，是一种质次的米酒，且难以较长时间存放。同时，在中国的古代，酒类专卖，各省设立酒类的专卖和管理机构。上海长期属江苏省，上海的酒大多是来自同省镇江丹阳的乌米酒(今称封缸酒)。绍兴是中国黄酒的最大产区,但是,绍兴属浙江省,绍兴黄酒进入上海十分困难。当康熙开放海禁后,为了促进沿海地区经济发展,逐渐放宽了对酒类贩运的禁令,跨省贩运得到允许。约乾隆初期,浙江绍兴黄酒批量进入上海,据记载,乾隆时有一王姓的绍兴人在上海东门外咸瓜街开设了一家称之"宝裕"的酒店,主营绍兴黄酒,旧志认为这是最早进入上海的绍兴酒店。咸瓜街是上海主要的水产市场,商贾云集,十分繁华,宝裕酒店的经营也采取多样化的形式。店里配有熟食,供客人挑选,设有厨房,客人也可以自带食物,请厨房代为加工。酒店的利润主要来自酒,旧时,酒店供应的酒是用锡壶装的,分一斤和半斤两种,而实际上一斤酒壶只能装十二两(旧制,一斤为十六两),行内称之"缺四",即一斤缺四两之义,当然,半斤装就是"缺二"了,这是酒业规矩,大家都愿遵守。20世纪80年代,我与同事吴志伟赴西北采风,在重庆的一家火锅店(私人店)也碰到类似的事,我们发现店家送上来的生食分量明显不足,要求复称,称后才知道,我们买的一斤的料均只有半斤,店主告诉我们这是当年火锅店规矩,后来在其他店也碰到同样的现象,我至今没弄明白,这是当地行规,还是我们被骗了。酒后容易发酒疯,客人乱摔酒壶的事随时发生,但酒家从不干预,首先是酒壶摔不破,而被摔瘪的一斤酒壶,可能不是"缺四",而是"缺五"、"缺六",得益的还是酒店。

约道光后,宝裕酒店后人王方伯承业,他经常邀请名家到酒店做客,饮酒作诗,泼墨作画,并特制有价的"宝裕酒券"为谢,近代著名思想家王韬也是宝裕酒店的熟客,并对宝裕酒券作诗,曰"独能一洗书林习,不重钱神重酒兵"。当然,宝裕酒店也是上海最早的绍兴酒的批发店。我嗜酒,以前也认识不少酒店老板,这些人大多是绍兴人。

光绪末年,宝裕酒店因兄弟分家而拆成两家,但又因谁继续使用"宝裕"字号而争论不休,于是决定将"宝裕"一分为二,兄使用"王宝和",弟使用"王裕和"字招,约民国初,"王宝和"与"王裕和"相继迁南京路开业,1936年,"王宝和"又在福州路603—605号开设分号,今天,"王宝和"仍是上海最著名的酒家之一,他们亮出的口号是"酒祖宗,蟹大王"。

上海是水乡,乡民和市民的燃料主要是花萁(棉花秆)稻草,体积大,但不经烧,所以,上海的燃料供应严重不足。而绍兴地区多山地,有的是树木,木炭是绍兴的重要产业,当康熙开放海禁后,绍兴的木炭商大量进入上海,一直到20世纪六七十年代,上海的煤球店的从业者中,绍兴籍人占了最高的比例。在《上海的钱业公所和钱业会馆》一文中已提到,由于木炭的生意很好,供不应求,一些上海人为了确保及时买到木炭,愿意先付钱给木炭商,货到后取货,绍兴木炭商发现可以利用钱来生钱,于是产生了上海的钱业,于是,旅沪的绍兴人又大多从事木炭业和钱业,并在上海有相当的实力。

刻于清嘉庆十二年(1807年)的《上海县为浙绍各店公捐中秋会告示碑》中说:

> 据浙绍士民顾其祥……冯士龙等禀称:浙省绍郡异氓,在治

> 店业营生,遇有事宜,咸萃邑庙公议。因思城厢各业,岁皆开□□项酬神。惟浙绍各业,虽于每岁中秋节日,同业出资酬愿,而无公项,恐兴废靡定,年远事堙。是以浙绍各店,捐出本资足钱五百六十千文,绝买小东门外二十五保七图十铺,海关南首郑姓市房一所,随屋基地:东至大街,西至顾屋,南至汪屋,北至顾屋。在于郑同懋名下,收册过户。浙绍公捐,将房召租,除完白粮之外,余为中秋酬愿之用,源源承理。同业终有废兴,是举可随永久。

如此看来,上海的浙绍公所是旅沪的绍兴人的同乡和同业组织,机构可能成立于乾隆年间,但没有同业的会所,一直到嘉庆十二年(1807年)才购进"小东门外二十五保七图十铺,海关南首郑姓市楼房一所"及"随屋基地"建立会所。文中提到的"海关"就是上海最早的"江海关",旧址在上海"县治东北五里面浦",就是距上海县衙门东北五里,面临黄浦的地方,就是今天的"新开河外滩",这样我们就可以知道它的大概位置了。不过,这里一带于1860年被划进了法租界,租界的市政建设较快,如今难以确定其确切的位置。

刻于道光二十九年(1849年)的《浙绍公所肇兴中秋会碑》中说:

> 自乾隆年间,绍郡商绅在上海地方贸易,立有铺户。计在长久,犹虑樯帆来往,无总会之局,于是就近本城北门内,置得陈地一处,当即具呈纳粮,建立公所。一则以敦乡谊,一则以辑同帮。惟生理之兴隆,全仗神灵之默佑。况吾绍郡,最钦崇元坛正神。

爰聚同事而谋曰："既有公所，正可供奉神明，以荐瓣香，而求保佑。"佥曰："唯唯。"遂乃鸠工庀材，聿宏庙貌。

到了道光后期，浙绍公所又购进了位于北门内的一块土地，建造了像模像样的浙绍公所。中国的会馆公所大多供有自己的地方神或行业祖师爷，在上海的绍兴人大多是商人，他们就供"元坛正神"。元坛又称"正一玄坛"，是道教传说中的"财政部长"，相传他姓赵名公明，故又称"赵公元帅"。其形象为黑面浓须，头戴钢冠，手执铁鞭，身骑黑虎，他能呼风唤雨，驱雷役电，除瘟禳灾，买卖求产，使之便利。中国的财神很多，元坛是"正

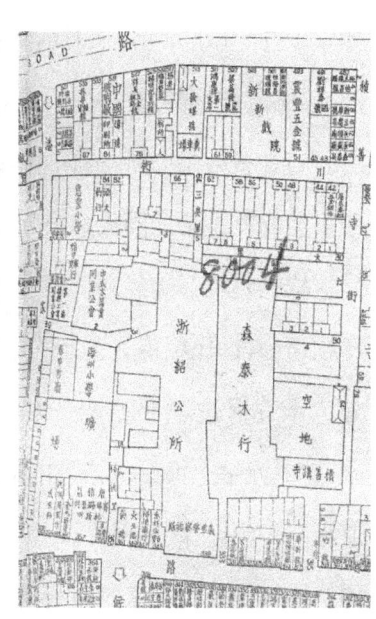

1947年地图标浙绍公所，地址为福佑路339号

神"。"穿心街"即今福佑路，这个浙绍公所后来的地址是福佑路339号，在浙绍公所的西侧有一条"潘家弄"，它的旧名叫"财神弄"，就是以浙绍公所内的"财神殿"得名的。不过，在20世纪末开始的旧城改造中，这一带的旧房全部被拆，密布的小马路埋没，已找不到任何痕迹，上海人也只能通过"故事"来了解自己的历史。

上海的许多会馆公所在大厅对面的天井里建有戏台，其名义上是"酬神演剧"，就是唱戏给神看，而实际上演戏还是给人看的，也许，浙

绍公所位于上海城里闹市中心,也许,浙绍公所的建筑比较新,有相当的规模,浙绍公所戏台经常有演出,可以讲是上海最早的演出场地之一,如王韬的日记《蘅华馆日记》中多次提到邀朋友到浙绍公所看戏,如咸丰九年(1859年)十月八日中记:"午后,往浙绍公所观剧,态致淋漓,描画入神,殊可赏心悦目也。"

与许多会馆公所一样,上海的浙绍公所还承担"善堂"的功能,而最重要的就是帮助同人解决殡葬困难。浙绍公所下挂的"永锡堂"就是这样的机构,《诗经》有"孝子不匮,永锡尔类","锡"同"赐",大意即孝顺之心,代代相传。道光八年(1828年),浙绍公所又"置买上邑北门外二十五保过字圩旷地一方,以备掩埋无力归葬之柩,谓之浙绍义冢",如《光绪上海县续志》中所讲:"浙绍公所永锡堂丙舍,初在老闸,道光八年创设,嗣辟租界,因价让白莲泾同仁辅仁堂地迁葬"。永锡堂的这块坟地在今北京东路河南中路口,1845年,这里被辟为英租界,坟

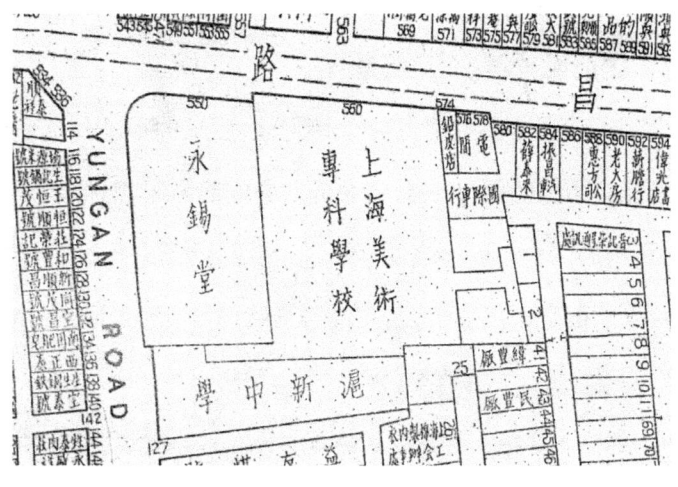

浙绍公所永锡堂的部分租给上海美术专科学校

地设在这里不太合适,当然,租界的地价涨得很快,外商又出了好价钱,公所就把这块土地卖了,所得的款项就买进了北门内的地,造了浙绍公所。

顺昌路560号的上海美术专科学校

到了光绪初,永锡堂又买进西门外斜桥的土地建立丙舍,到1914年这里又被划进法租界西界,于是他们又买进新桥路(今蒙自路)东,丽园路至斜土路之间的六十五亩,建立新的丙所,斜桥的丙所就改为办事处。1921年,上海美术专科学校租用了斜桥永锡堂的建筑,著名藏书家、文学家叶灵凤于1925年就读于该校,他在《读书随笔·三集》(1988年三联书店出版)中提到此事,说:"那时上海美专已有了新校舍,设在西门斜桥,虽说是新校舍,除了一座两层的新课室以外,其余都是就什么公所的丙舍来改建的。这本来是寄厝棺材的地方,所以始终有一点阴暗之感。图书馆有一长排落地长窗,我至今仍怀疑这可能就是丙舍的原有设备。"本书会重复出现"丙舍"一词,在这里作解释。"丙舍"在东汉时期指宫中正室两边的房舍,分甲乙丙三等,丙舍最次,后来多用于指正室之外的别室,或简陋的房舍,"丙"与"殡"谐音,中国传统葬仪中,当人死去后的第二天要给死者沐浴更衣,称之"越日小殓";死后三日就要把尸体放入棺材封棺,称之"三日大殓";大殓后必须把灵柩运出家门,寄放到某地方,称之"暂厝";再过一段时间"择日下葬",那个"暂厝"的地方就是"丙舍"。上海的大多数会馆公所设有"丙舍",就是寄存棺材的地方。进入民国以后,会馆公所的作用越来越小,在同乡、同业中的地位也越来越低,福佑路的浙绍公所一度改为上海市第十六中学,今已拆除,斜桥的浙绍公所永锡堂旧址为顺昌路550—560号,而蒙自路的浙绍公所永锡堂已经改造为住宅区,均已找不到历史印迹了。

海宁富商徐棣山与海昌公所

闸北区上海火车站附近有一条海昌路,据《光绪上海县续志·卷三·会馆公所》记:

> 海昌公所,在新闸桥北夏家弄。公所既成,遂名海昌路。光绪二十八年,浙江海宁州人公建。内设长生材会、养病房、息影所,并掩埋无主棺木。

显然,这条海昌路旧名叫"夏家弄",因为这里建了一个海昌公所,于是被改称海昌路。

海昌是今浙江海宁的别称,这里靠海,古代就是海盐的主要产地,汉代在这里设海盐县,三国东吴在这里设立"海昌都尉府",主管盐业,后来改为盐官县,旧城在今浙江海宁县南二十里。由于盐官靠海,南临杭州湾,东泻的钱塘江水与海洋潮汐相遇,能掀起巨大的浪潮,对今人来讲,钱塘观潮是自然风光,旅游景点,而对古人而言,那就是永无休止的自然灾害,人们祈涛风平浪静,在南北朝时就改海盐县为海宁郡,不久又改为海宁县,元朝改为海宁州,明朝又改为海宁县,清朝又恢复为海宁州。

海宁湖丝巨商经手的生丝买卖合同

海宁与上海很近,很早就有海宁人进入上海。1843年上海开埠后,进入上海的海宁人更多,其中不少还成为上海的巨富。徐棣山(又作三),名鸿达,旅沪海宁丝商,是上海主要的丝业进出口商,英商公平洋行(Sykes Schwabe & Co.)的买办,并在上海与公平洋行合资创办公平缫丝厂,自己则独立经营怡成丝栈。红顶商人胡雪岩也是上海主要的丝茧出口商。以前,驻上海的英国领事每年要向他们的政府提供一份"上海贸易报告",把过去一年的上海贸易情况作概述和汇报,后来汇编成书,上海社科院李必樟先生译成中译本——《上海近代贸易经济发展概况》,在一份《总领事许士(Patrick Joseph Hughes)1883年度上海贸易报告》中提到一件事:1882年底从欧洲传来消息,称欧洲主要产丝茧国意大利的丝茧受气候影响将会歉收,1883年欧洲的丝价会明显上升,消息灵通的胡雪岩便调集自己阜康钱号的全部资金,还向各钱庄大量借款,赴浙江收购、囤积丝茧,希望趁此机会大赚一笔。人们都知胡雪岩是红顶商人,财大气粗,消息灵通,于是有更多的人跟着大量收购、囤积丝茧,使当年的丝茧价明显上升。实际上,当时欧洲与上海已通电报,在沪的洋行已经知道,欧洲的气候并不如预报的那么恶劣,意大利的丝茧不致于明显降产,但胡雪岩和中国丝商并不知情。丝茧是活体,必须限时缫丝,如茧内的蛹蜕化为蛾钻出来,那就难以或无法缫丝,成了废茧。当胡雪岩等囤积了大量的丝茧后,欧洲的丝价不但不涨,还有小幅下降,胡雪岩只得降价抛售。该《报告》中说:1883年"9月初,最好的4号辑里(浙江湖州的一个地名,以产丝茧闻名)丝的市价为427.5—428.3两,一个月后下降为382.5—386.3两",又说:"在此期间,胡雪岩将其1.2万包的巨额存丝出售,由一家英国商行购入。据说这是上海商行所曾做过的一笔最大交易。这位大官在这场投机中的损失估计达150万两。"胡雪岩不仅面临破产,还无法还债,连累到上海多家钱庄,影响上海市面,清廷又"以亏欠公馆及各栈庄数额巨大"而革职论处,并限期支付欠款。仅两年后,这位不可一世的红顶商人就一病不起,魂归西天。

胡雪岩出售的丝茧大多是由徐棣山经手的,上海市工商联档案室收藏一份由徐棣山经手,胡雪岩向英商天祥洋行(Dodwell Carlill)以每包372两出售七里(即辑里)丝7070包的中、英文合同书,单

《图画日报》绘"拣湖丝女"

笔金额达263万余两,签合同日期为光绪九年(1883年)十月三十日。也许这就是英领事《报告》中提到的"上海商行所曾做过的一笔最大交易",这也是我见到过的徐棣山留下的不多的档案或资料之一,十分珍贵。

上海的丝或丝茧大多从湖州转运至上海,所以旧时上海称丝为"湖丝",缫丝女工为"湖丝阿姐"。湖丝又主要经苏州河进入上海,湖丝栈也大多设在苏州河沿岸,徐棣山的怡成丝栈就设在苏州河老闸北岸,即今闸北区的福建北路苏州河畔。丝茧是蚕蛹,是活体,分量轻,体积大,运输难,成本高。中国传统的手工缫丝速度慢,成本高,质量差,所以,外商多次设法把缫丝车运入上海,偷办缫丝厂,直接将缫好的丝出口。但是,在1895年中日《马关条约》以前,中国与外国签订的均为通商条约,即外国人可以在中国的通商口岸贸易,做生意,不能投资建厂,所以外资的缫丝厂刚开业就被中国政府取缔、关闭。据英国领事《报告》中说:1881年"有三家洋行在上海开办了缫丝厂",它们分别是英商公平洋行的公平丝厂,怡和洋行设在苏州河南岸大王庙的怡和缫丝厂和美商旗昌洋行设在虹口的旗昌缫丝厂。不过,仅两年后,这三家缫丝厂就被上海道下令取缔,立即关闭。公平丝厂就开在苏州河老闸桥北界的徐棣山的怡成丝栈,1883年被勒令关闭后,徐棣山就用这块土地建造了自己的私家花园——双清别墅,俗称"徐家花园"或"徐园",《光绪上海县续志》中记:

徐园,名双清别墅。光绪九年,海宁徐鸿达筑于闸北唐家弄。宣统元年,鸿达子仁杰、文杰以避世嚚故,迁筑于二十七保南十二图康脑脱路。

徐园是上海著名的私家花园,1883年在公平丝厂址兴建,址在闸北唐家弄(今河南北路以西的天潼路旧名唐家弄)。1899年公共租界扩张成功,徐园一带被划进租界,租界当局要拓展唐家弄,徐园列入动迁范围,并且这里将成为闹市,私家花园建在这里也不太适宜,于是徐棣山之子徐仁杰(名贯云)、徐文杰(名凌云,著名昆剧票友,解放后为上海戏曲学校顾问)在获得一笔补偿款后,在沪西康脑脱路(康定路)重建徐园,仍为上海著名私家花园。

《点石斋画报》绘"徐园"

徐棣山是上海海昌公所的发起人,发起会议也是在徐园召开的。1905年刊印《上海创建海昌公所征信录》收有《徐园初次会议记》,讲:

诸君子旅沪最久,涉历较深,屡曾创有建立公所之议,迨至壬寅秋,沈君志云关怀梓谊,遍访同乡,以兴建公所事不可缓,因于九月二十七日假闸北徐氏园中,柬邀集议,到者三十余人。正在筹议间,张君如笙起而言曰:公所为联络同乡,有裨公益起见,与其徒事集议,空言无补,不如即就已到诸君,先行书捐,俾有眉目,合座翕服。如笙先生首先书助五百金,张君幼山、俞君幼山亦各慨助如首捐之数,于是徐君贯云、王君汝舟、张君笛舟、居君静安各承先志书,捐千金、数百金、百金不等,因先辈徐君棣山、王君藕塘、张君守衡、居君颂卿前曾提倡此事。张君吉甫、纯甫亦承兄志合助百五十金,以英甫先辈在沪时亦曾议及也。在座如花君鲤庭助以新闸基地八分,沈君志云、沈君蕙王、王君秋崖、庄君圃香、朱君侣堂、邹君抱松、朱君森桂、王君瑞甫、汤君子香、应君筱梅、应君子守、钟君梯青、陈君子钦、张君吟梅、钟君宝珩、张君笠夫、郭君浚泉、严君颐卿等,各尽其力,慨然书捐,片刻间书定捐款约五千余金并地八分,创建公所已立基础。所有购地兴建、筹募收支诸要政,由沈君志云独任其艰,至如议章程、收捐款、司笔札、理庶务,不才愧承其乏。惟是诸事草创,经费无多,历蒙诸君子关怀大局,群策群力,兹已告成三载。

上海的会馆多为旅沪同乡人团体,除了联络同乡感情,帮助解决同乡人困难外,其最直接的任务就是帮助同乡人寄柩、运柩,代办殡葬,海昌公所订有《上海海昌公所条规》二十四条,本书一般不涉及会馆负责殡仪的具体事宜,就将海昌公所条规抄录如下,供有兴趣者阅读:

上海创建海昌公所条规

一议　每年公举司年董事一人,总核一年之事。凡公所事宜,均归主持,以一事权。先于上年十一月内由各董公同会议推举预订,登明堂簿,签充为定。

一议　每月另举司月董事二人,拈阄分季轮值。每月初二日亲至公所稽查上月收支账目,逐款核对相符,即于总册上签字,俾有稽考。亦于十一月内公议预订,登明堂簿,签充为定。倘一董于轮值期内,遇有事故,无暇到堂者,当于各董中预商互代,庶免贻误。

一议　凡公所中添房置产、更改章程,应由各董公司会议议定之后,仍归年董总司其成。

一议　公所司事应由各董公议,保荐老成公正之人,倘有未妥,随时更调,务遴办事周到,始终勤慎者方为合用,不得徇情,以昭公允。

一议　公中银钱,自董事司事以及工作人等,一概不准借宕,请年董月董随时稽核,以重公款。

一议　凡有同乡等举荐司事,须立保单为凭,存贮逐年年董处,倘有银钱不清,以及不按规条办事者,均由荐保人赔偿理直。

设有年董自荐者,其保单归四季月董轮流暂代收执,至下年仍交年董收存,用昭大公。

一议　银钱出入应责司账详细登记,每届月底核计清楚,开列四柱总册,以备下月初二日司月董事亲临公所查核。如有积存银钱整数,应交年董发庄生息,每年正月初十日年董月董会同核明上年支用各款,移交值年董事接管,以清界限。及契券要件,亦由年董月董逐年检点,加封存堂。

一议　公所司事工役人等,应由司月董事随时稽察勤惰。及遇应兴应革之事,即与年董妥商办理。所需支给司事工役辛工,董事因公车费及一些零用项,均当核实支销,不得稍有浮冒。

一议　各工人须遵同事差遣,凡事不得擅专。每日黎明即起,内外洒扫整洁,如有不遵约束及误工等情,初次犯者罚工食一月,再犯撤去。

一议　丙舍寄顿灵柩,遵例一年为期,填发发票为凭。如须展期,续以一年为度,即当换过收票,载明过期不领,代运海宁义冢掩埋,编号立石标记,仍准柩属在宁迁领。如系客籍,即在上海购地掩埋。代运掩埋之时,须派司事临场经理,俾有稽考。

一议　丙舍总门平日关锁。凡灵柩进出及柩属祭扫,应由司事亲率工人启门查察。衖内设有砖库,以备焚化冥镪,不准于殡房随地焚化,以昭郑重。

一议　丙舍上房全间即为元字号,停柩一具,每年定捐洋十二元。每间隔断,即为亨字号,停柩一具,每年定捐洋八元。中房每间停柩三具,即为利字号,每年捐洋四元,分停男东女西。所定捐目概无通融,均于灵柩进房日收清,登入总账,当掣收票给付柩属为凭。统房即为贞字号,概不收取寄费,仍给收票为凭。另收进出堂规,上房全间每具钱一千二百文,上房隔断者每具钱八百文,中房每具钱四百文,统房无论大小柩每具钱二百文,此项不入总账,议归各司事得六分,按修金匀派,各工人得四分,由总司事酌量勤惰派给,此外不准需索分文。倘有柩属于祭扫时自愿另给工人钱文,多寡不准争论,亦须交明账房,逐月由总司事分派。其祭菜等物,概不准取。

一议　公所后设殡房,原为同乡权厝起见,况所设殡房为数无多,万难兼寄客籍,以免喧宾夺主。然客籍有邀同乡关说,倘竟坚不允从,未免有拂来意。现定如有客籍必欲商寄,照同乡捐加六,即如元字号定捐洋三十元,亨字号二十元,利字号十元,概无通融,统房一概不寄客籍。倘有冒籍等情,察出者仍须向经报人更正补足,进出堂规一律加收六成。

一议　同乡欲寄统房,本定不收捐洋,如不愿统房,或于元亨利字房酌量择用,所有捐洋亦当遵照数目缴足,一概不准徇情。

一议　公所为办理同乡公事善举起见,如欲借用地方开丧等情,随时与董事商妥而行。倘有游戏手谈等事,一概不准。

一议　同乡欲借公所开吊,扎彩或不扎彩而启屏门者,捐洋十元。如寻常请吊者捐洋六元,客籍一律加半。

一议　设欲借对面厅啌经礼忏,每日捐香金一元,寄放寿器每年捐洋二元,同乡客籍一律。此项捐款亦入总账,当掣收条为凭。

一议　凡寄柩啫经开吊以及寄放寿器之家,另给工人酬劳,多少不得争论。

一议　各司事须按照规条秉公办理,遇有可省之处,务请随时撙节,以杜虚縻。

一议　公所中一概不准借住,虽董事之亲友,亦不能通融。

一议　公所中器皿物件,公议一概不准借出。

一议　如报寄之柩,非善终以及来路不明者,一概不寄。设经报人徇情混报,而柩已入丙舍者,一经察出,即令经报人立即迁去,概不姑容,其已收之费亦不发还。

一议　代赊及让棺等事,且俟集资再当妥定章程。

一议　所定规条,务望诸董事及在堂司事皆须恪守,不得徇情偏私。

以上议定堂规二十四条,如有增减,务请诸乡台随时酌议,但求事归实济,款不虚縻,实有厚望焉。

海昌公所的确切位置在今上海火车站东侧,1937年"八一三"淞沪战争中,该地区遭日军轰炸,公所彻底被炸毁,之后,大批的难民进入上海后就在此地建棚户为家。解放后这里是上海第一批改造的工人新村——番瓜弄,原海昌公所是今番瓜弄的一部分。会馆公所的办事机构一般是与丙舍、墓地分开的,海昌公所的墓地在今海昌路一带,海昌路就是以海昌公所墓地而得名。如今很少有人知道这条海昌路的名称来历了。

福建泉漳会馆

泉州、漳州位于福建省的东南沿海处,这里土地贫瘠,地少人多。远在唐代,泉漳人民就利用沿海之优势,开展海上航运和贸易以弥补地产不足之苦。据记载,唐开元八年(720年),泉州人林知慧"航海辟蛮海路,试航至勃泥,往来有利,沿海畲家人俱从往之,引来番舟。蛮人喜采绣,武陵多女红,故以香料易绣衣,晋海舟人竞相率航海"。经过几代乃至十几代的努力,泉漳地区的海上贸易达到了相当的水平,也形成了相当强大的势力,如何乔远在《闽书》中语:"安平一镇尽海头,经商行贾,力于徽歙,入海而贸夷,差强资用。"他在另一本书中也讲:"吾郡安平镇之为俗,大类徽州,其地少而人稠,则衣食四方者十家而七,故今两京、临清、苏杭间多徽州、安平之人。"长期的航海生涯形成了庞大的海上集团,同时也养成了他们剽悍骁勇、刻苦勤劳的作风。历年的上海地方志中也多次记录,泉漳地区的商人至迟在南宋末已进入上海,开展对上海地区的正当贸易,给上海地区的商品流通和城市经济的发展带来积极的效果。海上作业风险很大,人们希望得到神灵的保佑,于是,福建籍的天后(即妈祖)就被福建海运商人尊为航海保佑女神,天后也随福建商船走遍五湖四海,世界各地,凡福建商船所到之处,就会出现礼拜天后的神庙。清《同治上海县志·卷十·秩祀》中讲:"天后宫,在小东门外。古称'顺济庙',创自宋咸淳七年。庙面东,浦潮汹涌北来,至此而伏,过则复起,以以为神焉。"《县志》还抄录了古人关于这座"顺济庙"的碑记,文曰:

> 松江郡之上海,为祠岁久且圮。宋咸淳中,陈珩提举华亭市舶,议迁,新之。属(嘱)其从事费窠经划,礼致道师黄德文奉香火。初,邑豪钱氏尝舍田四十亩,至是,复益田数百亩,里中善士吴梦酉、刘用济、唐时措、时拱各推金帛,自辛未至庚寅,庙成。

文中的"辛未"是南宋咸淳七年(1271年),"庚寅"为元至元二十七年(1290年),由于战争和朝代的更替,上海顺济庙的迁址重建历时十九年才完工,而这座顺济庙"岁久且圮",其始建年代应该更早。古代,大多数城池建有城墙,不过,上海在元至元二十九年(1292年)建县后,一直到二百多年后的明嘉靖三十二年(1553年)才开始筑城。当时上海人顾从礼对以前上海未筑城墙的原因作了解释,其一是"事出草创,库藏钱粮未多";其二"则地方之人,半是海洋贸易之辈,武艺素有通习,海寇不敢轻犯,虽未设城,自无他患"。所谓的"海洋贸易之辈",就是进入上海的泉州、漳州海运商人。以此推断,泉州、漳州的海运商人、商船至迟在南宋中期已经进入上海,并已形成一定的势力。

明初，朱元璋为了镇压和打击近海各岛的其他农民军残部，实行了海禁政策——禁止中国近海的海上航运和海上作业，于是素称航海发达的泉漳商人被迫背井离乡，开辟南洋、东洋、西洋的海上航运，他们希望明政权早点结束海禁，使中外贸易走上一条正规的道路。但是朱元璋身后，海禁政策始终没有放松，而已形成相当势力的航海商人认为只有开辟中国的对外贸易才能获取更大的利润，因此他们迫切要求开放海禁。至嘉靖年间，部分航海商人要求开放海禁的欲望更加强烈，于是他们与日本商人互相勾结，不断从沿海骚扰大明政权，冀图以武力迫使明政权放弃海禁政策，这就是中国历史上的"倭患"。而所谓"倭寇"成员中除了部分是日本人外，大部分则是由航海商人发展起来的海盗。如毛祥麟著《墨余录》卷十五中所记："嘉靖间，贼邓文俊、萧显等，结连倭寇，掠嘉（定）、宝（山）、上海、南汇所。游击周藩、指挥武尚文、县丞宋鳌等死焉。贼纵火焚庐舍，杀伤兵民甚众，官悉遁走。"这个邓文俊就是经营中日贸易的泉州海商，萧显原籍"南直隶"，也是泉漳海商集团成员。

被歌颂为民族英雄的郑成功也是泉漳郑氏海商集团的成员。郑氏集团在海禁政策的压力下主要从事对南洋、日本的海上贸易，他们也迫切要求明政权开放海禁。明代末年国内阶级矛盾激化，东南沿海又是烽烟四起。面对四面受敌的情况，明政权才想到利用郑氏海商集团镇压沿海叛乱的方法，而郑氏集团也想利用明政权力量打击和排挤其他海商集团以垄断海上贸易。所以，郑氏集团的大部分成员被招抚后成了明政权的官员。以上这些论述只想阐明一个问题，泉漳地区的海上商人很早就进入上海,并对上海地区经济发展起了作用。由于明政权的海禁政策,迫使已经开辟上海贸易的泉漳商人退出了上海。

清初,明政权的残余力量坚持在福建、广东沿海一带继续抗清,沿海的战争更加激烈。清政权实行了更为严厉的海禁政策,除了严禁海上航运和作业外,还在部分沿海地区将居民强行内迁三十里。明末清初的上海人姚廷遴日记——《历年记》中讲:"鼎革后,海禁尚未甚严。即岁奉严密,犹得易船而筏,人可备食诸味。至顺治十六七年,并绝开排之例,人仍于途次张网。自苏、宜两大人(即部臣苏纳海、宜理布)巡历后,家有藏网者以叛逆论,而居民遂无可下手矣。然康熙二年(1663年),海中鱼盛之极,漂入海滩,居民与兵丁争拾之,然居民拾者,一见兵丁,即委去,唯恐罹于法也。至二年六月间,抚道差官至所,于护塘外鳞次树木,并置界牌一面,上书'民有过此限者,枭示!'。"无故闯入海滩者竟要被斩首示众,其令之严可想而知。

泉漳会馆正殿供奉的"天上圣母",即天后

康熙二十二年(1683年)清兵攻取台湾,郑克塽(郑成功之孙)投降,沿海的抗清势力全部肃清。康熙二十四年(1685年)康熙皇帝下令开放海禁,从此结束了从明初开始的长达几百年的海禁政策。

海禁开放后,素以航海著称的泉州、漳州的海船又纷纷驶进上海。乾隆初期,以泉州府之同安县和漳州的龙溪、海澄县(1960年两县合并为龙海县)的船商联合在上海组织成立"泉漳会馆"。康熙二十六年(1761年)会馆集资"置买上邑大东门外二十五保七图滨浦房屋基地,建造泉漳会馆一所,供奉天上圣母神会,春秋祭祀,以展敬诚,而昭歆享;并置买北门外二十五保五图圩地,建造泉漳北馆一所,供奉观音大士神位,以护幽灵,而资普济。"上海早期泉漳会馆有两处,其一即"泉漳会馆",它是同业酬神和议事的场所。因为会馆尊天后为航海保佑神,所以会馆的主建筑是天后殿,这个会馆也被叫作"天后宫",它是清代上海县城外最宏伟的建筑。天后宫大殿的对面是一个极大的戏台,是会馆"酬神演剧"的地方,在节日期间也邀请戏班到台唱戏,大殿两侧是厢房和看楼。据记载,1860年时李鸿章几次来上海就是下榻这里的。会馆在黄浦江边建了一个会馆专用码头,就叫"泉漳会馆码头",专修了一条会馆与码头相接的马路,被叫作"泉漳会馆街",后来也省称为"会馆街"。

中国东南濒海,长江口位于中国南北海岸之中点,习惯上以长江口为界,以北的海面称之"北洋",以南的海面称之"南洋",清朝海军分"北洋水师"和"南洋水师"就是以此划分的。北洋多滩涂,海水较浅,只有称之"沙船"的平底浅船才能在这里穿行,而南洋水深浪急,只有广东、福建、浙江制造的深水船适宜在这里航行,也就是讲,从北方南运的沙船必须进入上海港卸货,改装南方深水船后才能继续南下,同样,北运的深水船也必须进上海港,卸货后改装沙船后才能继续北上。优越的地理位置和航运条件使上海港不仅成为近海南北航运的枢纽,也是贸易的集散地。泉、漳商人主要从事南洋航运和贸易。前面已提到,由于明朝长期推行中国近海禁运的"海禁"政策,迫使已经形成的中国海上航运集团下南洋(Southern Sea,指菲律宾、马来西亚、印度尼西亚等中国以南的国家和地区)、走东洋,他们也利用海禁略有松弛的情况下开展中国与南洋的运输和贸易,泉、漳商人在上海小东门外设立专卖"南洋"货品的商行,于是在那里形成了一条以闽广洋货商行集中的"洋行街",与洋行街交叉的一条小路则被叫做"福建街",1943年因与闹市区的福建路同名而改为"枫泾路"(今已注销)。清乾隆、嘉庆时期的《上洋竹枝词》、《申江竹枝词》对洋行街的闽广商人活动均有描述,如:

  雉堞参差歇浦边,万家烟火日喧阗。
  东门一带烟波阔,无数樯桅闽广船。

  阛阓居奇百货盈,遐方商旅满江城。
  洋行街上持筹者,多学泉漳鴃舌声。

  闽商粤贾税江关,海物盈盈积似山。
  上得糖霜评价买,邑人也学鸟绵蛮。

泉漳会馆旧址在外咸瓜街94弄内

泉漳商人也把中国南方的水产大量运入上海贩卖,黄鱼是水产中的大宗货品。古代冷冻保鲜的条件很差,而从泉州、漳州到上海的运程较远,单行一趟也得一个月,所以,从那里运抵上海的大多是咸黄鱼。我祖籍福建,可以讲较流利的家乡话,黄鱼和黄瓜几乎同时在农历的五月上市,所以福建人称黄鱼为"黄瓜鱼"、"黄瓜",在泉漳会馆的东、西两侧均形成了海产品集贸市场,这里长年供应咸黄鱼,上海人学闽南方言,把这两条街叫做"里咸瓜街"和"外咸瓜街",后人无知,往往误以为这里是因酱瓜市场而得名。泉漳会馆旧址在里咸瓜街与外咸瓜街之间,会馆街西端的顶头。近代以后,由于机器火轮运输的发展,帆船运输业受到伤害,其地位开始下降,泉漳会馆也走向衰落。约在20世纪20年代后期这个会馆也改组为"泉漳旅沪海员同业会"。在1937年的"八一三"淞沪抗战中,会馆建筑被日军炸毁,以后除部分建筑仍为同业会所有外,大部分地皮被人占用而建为平房。如今,已找不到任何遗迹。

"泉漳北馆"是泉漳会馆的别业,所以也叫作"泉漳别业"或"泉漳别墅"。它所在的"北门外"在1849年划进了新建的法租界,外国人分不清福建属下的府县地名,就干脆把它叫作"福建会馆",于是不少中文书又从外文中转译过来而叫它"福建会馆"了。

这个泉漳别业是"以护幽灵,而资普济"的地方,实际上是会馆代理殡葬的机构,这里停放着许多棺材和尸体,但是根据建立租界的条约中规定,租界内的已有中国人坟地仍为旧主人所有,租界不得借故禁止和限制中国人扫墓,所以法租界当局对之也无可奈何。1853年上海爆发了以广东人和福建人为主体的小刀会反清起义,小刀会起义后,法租界当局向清政府提议,一个地方的人集中居住在一起容易发生事变,建议上海道设法改变上海这种同邑聚居的情况,随即又提出,

徐博兴是南洋巨商,祖籍闽南,1910年组团参加在中国南京举办的劝业会,7月13日在上海广慈医院逝世,泉漳会馆举行了隆重的追悼会

泉漳北馆以及附近地方是福建人集中的地方,建议清政府勒令将其驱散。这个建议得到上海道的支持,并勒令泉漳别墅迁出该地,于是许多原来居住在这里附近的居民向西搬迁。今天的福建南路旧名叫"陈家木桥路"或"郑家木桥路",原来陈姓和郑姓均是福建的大姓(福建以林陈郑曾为"四大姓"),居住在这里的人以陈姓和郑姓为多,陈(郑)家木桥即以此得名。老上海皆知,福建南路以前是福建南货干果店最集中的街市,这和当年福建人聚居是有关的。此后福建会馆旋即被法租界收买,1864年建成法租界公董机关的"大自鸣钟大楼",1927年后拆除重建为法租界巡捕房大楼,也就是今天老北门北面,金陵东路上的公安局黄浦区分局大楼。

泉漳别墅从租界迁出后,又在"日晖桥东"另购地三十余亩重建,光绪年间还在该地创办泉漳人子弟小学——泉漳公学,并建立丙舍和义冢。许多无力扶柩归乡的泉漳地方人死后就葬在这里。以后他们又购相邻的地产创办了一个"福安农场"。后来,在1937年的"八一三"淞沪抗战中义冢和农场均被炸毁,原坟地址在今日晖港底的黄浦江边。解放后成为纺织局的一个建筑堆栈,部分为沪光机械厂和上无十四厂使用。"福安农场"在解放后由园林管理局接管,场址就在今打浦桥过江隧道浦西出入口处一带。一个台湾的旅行团曾来上海,他们之中不少人的祖辈就葬在泉漳别墅坟地内,他们此行上海的目的之一就是想到这里看一看,以了却这桩心愿。

顺便补一句,黄浦江过了龙华已接近上海县城了,其东流至陆家浜口(今南浦大桥陆家浜路)又改向东北流,古代的上海人以陆家浜口为界,黄浦江上游至龙华的滩地叫做"里黄浦滩",省称"里滩",其下游至吴淞江(苏州河)的滩地称"外黄浦滩",省称"外滩"。近代以后,滩地沿岸筑了堤岸,大部分岸线被码头、仓库、工厂占据,唯"福安农场"处尚保留滩地,于是"里滩"又特指此地。20世纪70年代将此地改造为"南园绿地"。21世纪初,卢湾区政协的一些老同志获知该地旧称"里滩",建议将"南园绿地"改称"里滩绿地",议案刚提出,就逢卢湾区撤销,并入黄浦区。也许,将"南园"改称"里滩"的建议,会被搁置很久很久。

福州果橘商人的三山会馆

会馆公所是中国封建时代的同乡、同业团体,一般讲,会馆公所都有属于自己的独立的建筑,这里既是同乡同业聚会,商议事情的场所,也是同乡同业祭拜共同承认的先祖或神的场所。据不完全统计,一直到清朝末年,上海先后有不同的会馆公所不下百家,也就是讲,上海有会馆公所建筑不少于百处。不同的会馆公所以自己家乡的风格、样式建造自己的会馆,构成了上海建筑千姿百态,形式多样的特点。会馆公所是封建时代宗法制度下的同乡同业团体,到了清末,尤其是进入民国以后,会馆被同乡会替代,公所则被改组为同业公会,或被新建立的同业公会替代,于是大多数会馆公所走向衰落,会馆公所的建筑改作他用,过了更多的时间,这些建筑逐渐被拆被毁。如今,上海仅剩下一幢三山会馆,而关于三山会馆,还有不少有趣的故事。

"三山"是福州的别称,因福州旧城里有九仙山、闽山和越王山三座山而得名。福州地区产橘子,个大皮薄汁多,称之"福橘",如储藏方式得当,福橘可以越冬,在新年供应,是年节里难见的鲜果。也许占了

"福"字的福,而"橘"与"吉"谐音,在中国的风俗画里常以橘子代替"吉"为吉祥图案,福橘既"福"又"吉",十分好卖,而到了新年,福橘又成了馈赠亲友的上佳礼品,人们为了讨个好口彩也会在家中摆放福橘。

福州的果橘商人分作两大帮,一帮是果橘的零售商和批发商,另一帮是果橘的贩运商,据《沪南果橘三山会馆碑记》中讲:"沪南之有三山公所,昉于同治初。乡人林克楷、王心麟、黄绍从三君,出集资典里仓桥民房为之。""里仓桥"是跨薛家浜桥,在小南门外,以前这里有一条叫"里仓桥街"的小路,21世纪初的旧城改造中才被注销。如此看来,早在同治初年,福州的果橘商人就在小南门外里仓桥租用民宅成立"三山公所"。到19世纪七八十年代,上海租界的人口迅速增长,商业形成规模,一些福州果橘商人向租界转移,在郑家木桥(今福建中路)一带开店,但他们仍以里仓桥的三山公所为自己的同乡同业团体。据《光绪上海县志》中讲:"三山会馆,在公共租界福州路。光绪二十三

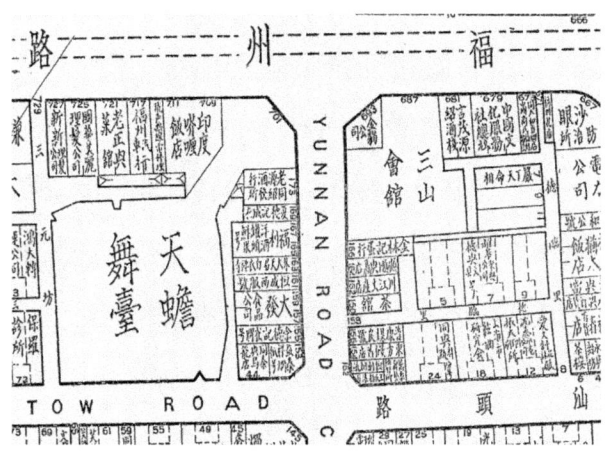

上海福州路的三山会馆

年,闽省福州、建宁两府人公建。"即在1897年,租界的果橘商人另外购地独立成立三山会馆,应该是与南市的"三山公所"分道扬镳了。这是一幢清代传统建筑,有很宽敞的大殿,具体位置在福州路与云南路交叉路口的东南转角,因是传统的会馆建筑,难以改造利用,长期被出租当作仓库使用。由于长期不合理使用,又无单位出资保养、维修,建筑破损严重。近几年,我参加了多次关于该建筑的处置办法,上海市文物局坚持认为,该建筑虽未被列入任何级别的文物保护单位,但还是上海市中心区留下的为数不多的清代会馆建筑,建议今后的使用单位妥善保护和利用。最后专家们提出了一个妥善的方法,就是将三山会馆建筑落架后,建到新建筑的平台上,使它成为一个景点。依我看,这也许是最可行和合适的办法。

留在南市的福州果橘商主要是贩运商和批发商。《建创沪南果橘三会会馆碑》中讲:

> 运果橘者渐盛,公所隘不能容,乃谋别葺……光绪季年,里仓桥房主赎归原地,我商人复购沪军营火车站地为宫,祀湄州天后,工窳圮速。宣统元年,议抽储货栈,阅数载,得数万余缗,鸠工庀材,廓旧基新之。自辛亥孟夏,迄丙辰季冬,凡五年余而功告成。

"沪军营"全称"抚标沪军营"。清代,中央政府把全国划分为几个大区,设最高行政和军事长官,如江南大区称"江南省"或"两江",最高行政长官为两江总督,江南的军事长官称"江南提督",负责统领政府的正规军。提督指挥的军队称之"提军",地方省的最高行政长官称"巡抚",他掌管的军队称"抚军",又称"亲兵",一般用于地方守卫,维持社会治安。设在上海的就是"抚标沪军营",1880年设立,设管带一名,帮带一名,前、后、左、右哨官各一名,以及哨长、什长等职,总兵员约二千二百余名。军营设在上海大南门外,兵营的占地面积很大。以前南浦大桥附近有一条叫"沪军营路"的小路,就是以这个"抚标沪军营"而得名的,在建设"世博园"园区时,这条路被注销了。"沪军营火车站"实际上就是原沪杭甬铁路的上海火车站,又称"南火车站",今大南门外还有南车站路、车站后路、车站支路之类的地名,均是以这个"南火车站"得名的,而今天中山南路的西段,相当于南浦大桥至西藏南路的这段,旧名就叫"车站前路",是以在南火车站前的马路而得名。这样就可以确定这个"沪军营火车站"的位置,它在今南车站路东面的中山南路上。新的沪南三山会馆于1909年(宣统元年)筹建,1911年(辛亥)孟夏开始建设,历五年,于1916年(丙辰)季冬竣工,应该讲,工程的时间是拖得较长的,这可能是受到辛亥革命的影响,另一方面,也说明工程较大,而且复杂。

晚清时期,中国主要有两个大规模的兵舰、火轮修造厂,一个是设在上海的江南制造局,一个是设在福州马尾的福州船政局,又叫马尾船政局。1884年,法国以"观音桥事件"为借口,向福建水师发起进攻,称之"马尾之战",福建水师舰船被击沉七艘,伤亡官兵七百余人,马尾船厂被炸而损失惨重。同年8月26日,清廷被迫对法宣战,就是中国近代史上著名的"中法战争"。马尾船厂被炸后,一时无法恢复生产,于是就将马尾船厂的工程师、技术工人调到上海江南造船厂。据统计,一直到民国时期,江南制造局的员工中,福州籍约占了三分之一以上。到20世纪60年代,福州籍员工在江南造船厂仍占很高的比例。江南制造局与新建的三山会馆很近,于是在这里形成了一个福州人的居住区,今天的车站南路东侧,中山南路与瞿溪路之间,以前有一条小路,就是以福州人麇集而被叫做"福建街"。我祖籍福建福清,家乡离福州几十公里,我祖辈的不少亲戚就居住在"福建街"。70年代后,福建街及附近的平房被拆除后建成瞿溪新村。

沪南果橘业三山会馆初建时仅是一个福州果橘业的同乡同业团体,但民国以后,颁行《公会组织法》,规定取消旧日的会馆公所,同业之间一律成立跨地域的同业公会,统一协调同业关系,指导同业经营。所以,当三山会馆建成后不久,其作为同业团体的职能逐渐消失,而三山会馆原来就是旅沪福州商人的团体,且又建在福州人最集中的江南制造局附近,它无形中就成了旅沪福州人的同乡人团体机构。当1927年2月,中共中央和上海区委召开联席会议,决定成立党的特别委员会,作为发动和领导上海第三次工人武装起义的领导机关,并由陈独秀、周恩来、罗亦农、赵世炎、汪寿华、尹宽、彭述之等人组成特别委员会。在特委的领导下,武装起义的筹备工作分沪东、闸北、沪西、沪南等八个地区分头进行。江南制造局不仅是沪南工人阶级力量最强的地方,也是全市工人人数最多的工厂之一,它自然成为沪南工人武装起义的主要力量。而三山会馆又与江南制造局工人队伍有密切的关系,它又自然被作为沪南起义的指挥部。

上海工人第三次武装起义是近代中国工人武装起义的一个成功的例子,但是,1927年蒋介石发动"四·一二"政变,武装起义的成果被蒋介石篡夺了。之后,曾经领导上海工人第三次武装起义的指挥部大多被捣毁,只有沪南三山会馆因多种因素而幸存,成为上海工人第三次武装起义唯一的遗址。

解放后,上海市文物管理委员会拟定将三山会馆作为"上海工人第三次武装起义指挥部"列为保护单位。但是,由于当时对上海工人第三次武装起义,尤其是对个别参与领导和组织这次起义的人的评价不一,该事也不了了之。因三山会馆没有被列为保护单位,20世纪70年代上海在规划拓建中山南路工程时,三山会馆正处于新拓宽的道路之中而将被拆除。当中山南路工程正在施工时,由于中央对上海工人第三次武装起义及起义领导者作出重新评价,经上海市政府批准,1980年8月26日上海市文物管理委员会正式公布三山会馆作为"上海工人第三次武装起义工人纠察队沪南总部"旧址而列为市级文物保护单位。由于中山南路改造工程已在进行之中,已不可能改变工程计划,而三山会馆又是革命遗址被列为市级文物保护单位,也不能拆除。于是由文管会和中山南路工程指挥部协商,决定将三山会馆拆除后,向南移30米按原样重建。于是,原来位于车站前路(即中山南路)北侧的三山会馆就被移到了中山南路的南侧,原来三山会馆的大门朝南开在中山南路上,而现在则是会馆的背部朝北开在中山南路上了。

三山会馆由福建营造匠黄基端、黄文周负责总体设计和施工,所以其建筑样式属闽东大宅风格,这也是上海为数不多的福建建筑之一。与闽东地区大多数大宅院建筑一样,三山会馆建筑平面呈长方形,四周建有很高的红砖围墙。大家知道,福建是每年受台风威胁最严重的地区,每当台风季节,被雨水浸泡多日的墙脚,很容易被大风吹倒,所以福建沿海的建筑,大多用花岗石砌底脚,再在花岗石上砌墙面。三山会馆外墙也一律用花岗石砌底脚,再砌红砖高墙。会馆的大门朝南开在车站前路(今中山南路),进门后为一宽畅的庭院,通过庭院进入正大门,就是天井,祀天后的正殿坐北朝南,两侧是抚房,与正殿相对的是一木构的传统戏台,这是在天后诞辰或会馆重大庆典时"酬神演剧"用的。以前,两侧抚房是会馆办事房,只有在重大会议时才在正殿开会议事。

旧时的会馆公所一般会在大厅的对面建造戏台。应该讲,历史上的上海有许多这样的戏台,而到20世纪80年代,会馆戏台大多被拆,仅剩的几座也不在原来的会馆里,所以三山会馆戏台显得格外的珍贵,在工程上也遇到考验,如将戏台落架重建,许多工程人员担心拼装不起来,于是笨人笨办法,大家决定用"加固"的办法将戏台"五花大绑",再通过机械将其移位,使戏台移动了三十米,这无形之中就创造了上海第一次大型建筑整体移位的先例。

三山会馆是旅沪福州果橘商的同乡同业团体,而另一个功能就是"祀湄州天后",大门的门楣上镌"天后宫"额,于是,也有人称三山会馆为"天后宫"。

徽宁会馆思恭堂

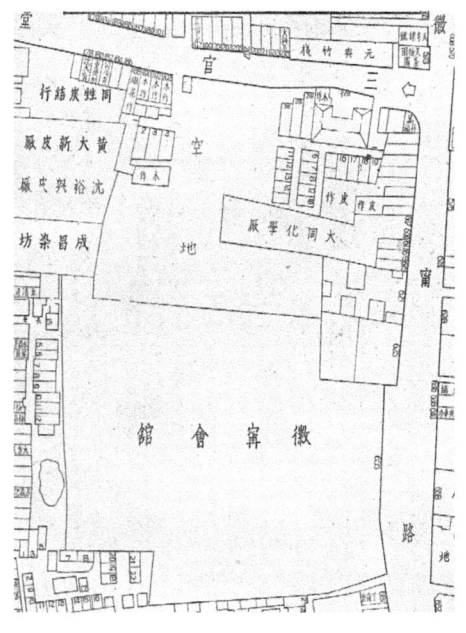

徽宁会馆旧址在徽宁路655号

在黄浦区制造局路附近有一条对上海人来讲大概并不显眼的马路——徽宁路,但是,它在不少祖籍安徽的人眼里,可是一条颇为神圣的马路了。原来在这条路上曾经有一个安徽省徽州、宁国地区的旅沪同乡人组织——徽(州)宁(国)会馆,这条马路也是徽宁会馆集资修筑,并以徽宁会馆取名的。

徽宁是从前对安徽皖南徽州、宁国两府的合称。它的范围约相当于皖南的歙县、休宁、祁门、绩溪、黟县、宁国、旌德、泾县、南陵、太平以及江西省的婺源等县。徽、宁两府位于皖南的丘陵地带,"宣歙多山,荦确而少田",这里人口稠密而可耕田少。很早以前这里的人民"商贾于外者什七八",他们善经营,肯吃苦,在全国形成了庞大的商业网络。旧中国有这样一句俗语——"无徽不镇",就是讲在全国的所有城镇中都有安徽商人活动,如果没有安徽人的经商活动就难以形成城镇。语言虽然有些夸张,但其确确实实反映了古代安徽帮商人对中国城市商品经济的影响。

徽州、宁国商人的经营行业十分广泛,有盐业、粮食业、典当业、墨业、书籍业、布业、丝绸业、茶业、陶瓷业等,而"盐、典、茶、木为最著"。据记载,在宋之前,徽州、宁国商人通过长江水道来江南地区经商,并通过海运开辟中国沿海与日本、南洋的对外贸易,并随着资本的增长和积聚而形成颇具规模的水上(海上)航运集团。但是,自从明政权建立后,朱元璋为排挤和打击退守近海诸岛,如浙江舟山、嵊泗和上海的崇明、横沙农民起义军,实行了"海禁"的政策,即下令近海的居民陆续向内地搬迁,禁止和限制海运船只在近海航行,甚至禁止沿海居民下海捕捞。"海禁"政策实施后,从元代发展起来的中国海上航运业被迫停顿,以水上和海上航运著称的徽州帮商人利益受到致命的打击。船商为了维护自己的利益而实行武装地下经商,而武装经商的结果又必然导致武装掠夺,于是这些商人就变成了海盗,他们和日本船商一起被叫作"倭寇"。为了迫使明政权解除海禁,开放近海贸易,"倭寇"曾长期在近海向沿海的城镇发动攻击,使明朝中国近海边防始终处于戒备状态,历史上称之"倭患"。据记载,以歙县人许一、许二、许三、许四四兄弟为首的徽州海商集团是明代中期最大的海商集团之一。明嘉靖年间,他们伙同另一个徽州商人王直数次向上海以及江浙近海发起攻击,使近海城镇受到严重的损失。一直到嘉靖二十七年(1548年)浙江和江苏的巡抚调动大量军队进行围剿,许氏集团惨遭失败,许二和许四逃往西洋。许氏集团被镇压了,上海的徽州商人的活动也告终止。

清康熙二十二年(1683年)清政府的水师攻克台湾,中国近海的反清武装基本肃清,两年后,康熙皇帝下达"弛海禁令",即取消了从明初开始的海上航运禁令。上海位于中国海岸线的中部,又在长江入海口的显要位置上,于是又有大批的徽州、宁国商人进入上海。外地人在上海经商难免会受到排挤,同乡人经营相同的商业也会产生争斗,也许更主要的是中国人恪守"落叶归根"的传统信条,客死他乡的人也要"入土为安",稍富裕的人家就得设法将暴卒他乡的亲人棺柩运回故乡入土。乾隆十九年(1754年)旅沪的徽州、宁国商人联合组织了一个同乡人团体——思恭堂,他们醵资购进上海县城小南门外的一块土地建立暂厝棺柩的丙舍,并建立义务埋葬无力下葬者的义冢。

涂宗瀛是安徽六安人,同治八年至十一年(1869—1872年)任上海道,同治九年(1870年),他就为上海的思恭堂写了《上海徽宁思恭堂记》,被刻成碑竖在徽宁会馆里,碑文说:

宣歙多山,荦确而少田,商贾于外者什七八。童而出,或曰白首而不得返,或中岁萎折,殓无资,殡无所,或无以归葬,暴露于野。盖仁人君子所为伤心,而况同乡井者乎!沪邑濒海,五方贸易所最,宣歙人尤多。乾隆中,好义者置屋大南门外,备暂殡,此思恭堂所托始也。然区隘,苦无以给,嘉庆间,诸司事捐资,又广劝乐善者,以次斥大之,始有听事、丙舍,以便办公,增冢地以广埋葬,储费以施归柩。道光中,休邑汪方川太守摄观察至沪,善之,仍倡建西堂,请免地征;诸茶商助施衣衾,复捐厘置产以裕经费,于是,堂之制益扩充矣。

汪方川即汪忠增,安徽休宁人,道光十六年(1836年)由署理苏州知府调任上海道,当他听说上海有一个以安徽徽州、宁国两府人为主的"思恭堂",为旅沪的安徽人解决实际困难,心里十分高兴,并建议应该把

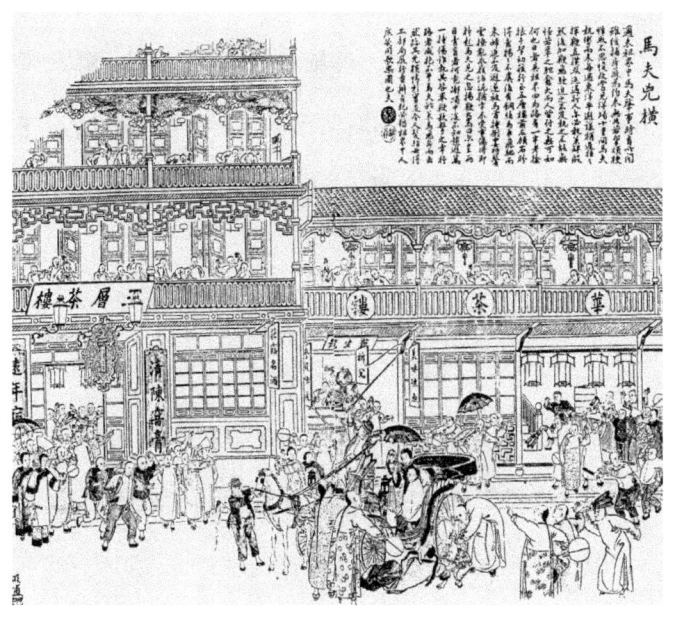

清代上海福州路上的茶馆大多系徽商开办

"思恭堂"改组为"徽宁会馆",可以起更大的作用;同时,他召集了在上海的有声望和实力的徽宁商人,规定商人按自己的经营情况,按一定的比例向会馆交付经费,作为会馆的常年开支。徽宁地区是中国茶叶的主要产区,也是贸易中的大宗商品,通过协商,规定安徽茶商每箱绿茶抽十二文,每箱红茶抽二十文作为会馆经费。

《光绪上海县续志》中记:

> 徽宁会馆思恭堂,在斜桥南。乾隆十九年,安徽省徽州、宁国两府人公建。嘉、道间,先后扩充之。咸丰癸丑、庚申,两遭寇毁,筹款重修。光绪十四年、三十三年,重加建筑,迨宣统三年,聿臻完美。正殿关帝,殿前为戏台,中庭峙宝鼎,左右为游廊、看楼;殿外广墀,环以照墙;两旁东、西辕门,中浚蓄水池,殿东为东厅两进,奉朱文公,与西厅对峙,前为思恭堂;正厅再东,为徽宁义园办事室,及丙舍一百四十余间。堂基及义园二十九亩有奇。

到了清道光年间,徽宁会馆初具规模,但是,咸丰癸丑(1853年)上海爆发小刀会起义,咸丰庚申(1860年)又发生太平军东进,会馆遭到严重破坏,于是,以后又不断重修、扩建,形成规模。

也许是《三国演义》中有关云长千里走单骑的故事。关羽的忠顺、义气,善于跋山涉水是出了名的,这些往往也是古人认为商人应该有的品质,于是,关羽也被民间认为是财神,徽宁会馆的正殿供关帝;宋朝的理学大师朱熹也是安徽人,被安徽人视为自己家乡的"人杰",杰出代表,于是会馆的偏殿供朱熹。

1913年发生的"二次革命"中,南门外地区是上海的主战场,徽宁会馆又遭兵燹,1937年"八一三"淞沪战争中,徽宁会馆被炸,而此年代会馆的作用和在同乡人中的地位基本丧失,以后也未重修,旧建筑被难民抢占为住宅,旧址为徽宁路655号,现在这里已经被建为上海中高档住宅区。

无锡、金匮两邑的锡金公所

2012年，我作为上海的全国第三次不可移动文物普查验收小组成员赴青浦区，青浦区博物馆的同志把我们一行领到了"大观园"。青浦大观园是新建的旅游景点，1979年破土动工，1984年起陆续对外开放。以前我已来过多次，这是一个以《红楼梦》故事为蓝本的仿古园林，似乎并没见到过可以列入"不可移动文物"的古建筑。我们一行正在纳闷，青浦的同志在僻静处打开一道大门，多幢古建筑赫然而见。青浦的同志告诉我们，这里的多幢古建筑是20世纪从上海分批迁建到这里来的，他们希望我们确认，这些迁址复建的古建筑是否可以被列入"不可移动文物"而给以登记注册。同时，他们指着一幢建筑说："这是上海的锡金公所"，他们不清楚锡金公所的历史和文化价值，希望我们提供帮助。

锡金即江苏无锡。中国古代行政区划的设置的主要参数是人口，清代是江南人口增长较快的时期。清雍正二年(1724年)六月，两江总督查弼纳上疏：江南是财赋重地，苏州、松江、常州三府的人口稠密，税赋繁剧,请将三府所属的三十三个县各分置一县;同年,江苏巡抚张楷对分县的细则议定后上报,九月,依旨分县,三府的三十三个县就变成了六十六个县,当时的无锡县就分作无锡和金匮二县,金匮县以境内有金匮山而得名,分县后的金匮以无锡县城为县治,这种"一城二治"的现象并不多。1912年中华民国建立时,又撤销金匮县建置,并入无锡县,今天知道有"金匮县"的人已不多,所以,清代的"锡金公所"实际上就是"无锡公所"。

无锡是鱼米之乡,盛产大米,无锡与上海水路交通便捷,清上海人秦荣光《上海县竹枝词》中咏:

终年食米仰地方,吾邑贫农乏盖藏。
万一来源中断绝,预筹补救讵宜忘。

作者原注:"自田植木棉多,而邑民食米,常仰于苏、常及长江上游等处。然一旦来源或断,是诚大可忧危之事也。"上海的土地大多种植棉花,城里的粮食供应主要依靠从苏州、常州地区进口,当然,无锡的大米也大量输入上海,于是,在上海有一批以无锡、金匮籍为主的锡金米商。宣统三年(1911年)刊印的《锡金公所征信录·锡金公所缘起》中说:

同治初元,粤逆平锡、金,两邑迁居沪上暨向流寓生业者最数万人,其贫之病故,苦无殓唇,即有力者亦猝无置柩地。于是,乡先辈声请有司设立崇义局,筹资施棺并买地城西南为义冢,停积满数,运送回里,诚善举也。行未久,董理乏人,廿年来几寝废,敬熙司教此邦,暑寒三易,初不之知,会乡人以其地久无过问,将为他人侵占,来告,遂亲往履视,则界石倾欹,荒榛塞路,心焉疚之。归语同乡诸君,思保护久常之道,诸君以从前赁屋设局,本暂时权宜,而枢停荒野,暴露风日,亦未尽善。慨然兴覆篑为山之举,解橐集资,别置沪北地建造锡金公所。

同治元年(1862年),以忠王李秀成率领的太平军从南京突围,攻陷了无锡,大量的无锡人为避战乱而逃难上海,上海的无锡人群体已超过万人,许多人到上海后饥寒交迫,客死上海,无葬身之地,即使一些富人,也不知下葬何处。于是,一些无锡的米商就集资建立一个叫"崇义局"的慈善团体,还购进一块位于上海县城外西南的土地,帮助同乡人解决停枢困难,在合适的时候,把棺枢运到无锡老家。当太平天国被镇压后,有些无锡人回了老家,在上海暴死的人也减少了,这个"崇义局"本来也只是临时建立的一个机构,没有专人和专用资金,无形之中就结束了。一直到二十年后的光绪十年(1884年),无锡人敬熙任上海教谕,他上任三年也未听说上海有一个无锡人的"崇义局",当他知道"崇义局"的故事后,到实地踏勘,并召集了在上海有名望的无锡人,大家决定集资恢复"崇义局",并"别置沪北地建造锡金公所"。

周廷弼(1852—1923年),江苏无锡人。字舜卿。同治初与父母随难民潮进入上海,后入洋行做"跑街",晋升为买办,光绪初,已在上海开设震昌、升昌等多家五金号,同时入股无锡的米业。1905年随清政府使团出洋考察宪政,回国后发起成立上海商学会,任主持。1906年,投资创办商业储蓄银行,并任总经理。祝大春(1855—1926年),江苏无锡人,字兰舫。同治十一年(1872年)来上海学徒,光绪十一年(1885年)在上海开设源昌号五金号,不久又开始从事海洋运输业,经营上海至新加坡、日本等多条航线,以后又先后与人合资创办纺织厂、造纸厂、机器打包厂,以及投资上海的房地产业,有史家认为他是中国最早的民族资本家。光绪十四年(1888年),周廷弼、祝大春等一批旅沪无锡商人联名禀上海知县:

> 同治元年,经同乡创立崇谊善局,专办施棺掩埋,将价置治下靡字圩田三亩九分六厘一毫粮单,作为锡金义冢。禀奉前宪王饬区过户,并给示谕有案,嗣因经费艰难,局务停止。今职等念同乡寓沪者有数十业,约万余人,二十年来善举阙如,爰于去秋会集诸同乡商议筹捐建造锡金公所,冀垂久远,即于是月两次置买治下二十五保知字圩田三亩七分九厘六毫,又三亩七分一厘三毫,随于去腊兴工建造,除所议办理章程续行具禀外,诚恐或有无知棍徒,藉端阻挠情事,为此环叩公祖大人电赐给示悬挂公所,以杜匪类而成善举。再粘呈粮单两纸并求饬区过户,实为德便。沾仁,上禀。计呈粮单两纸。光绪十四年三月二十八日呈。

锡金公所占地约7.5亩,最初的地址为"二十五保知字圩",1899年,这里被划进公共租界,后来的地址为公共租界海宁路1046号(浙江北路西)。

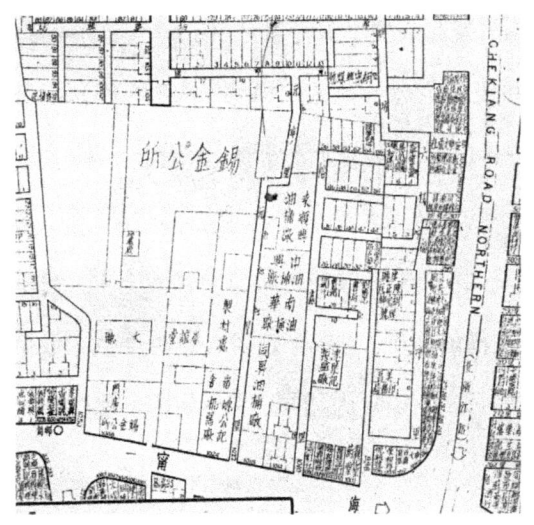

锡金会馆的旧址在海宁路1046号

锡金公所是无锡、金匮二县的米业同业组织,也是二县的同乡团体。根据《锡金公所米捐议章》第一款规定:"锡、金两邑运沪销售米麦杂粮,无论行贩自运,每石捐助公所洋一厘,均托各宝行随时扣存,五日一收。"这是公所资金的主要来源,同时,公所也接收捐款。公所还订有行规,规范和约束商人的行为,当然,公所更重要的职能是慈善,举办寄柩、运柩、掩埋、施棺赊棺,代办同乡殡殓等。进入民国以后,上海的各业设立同业公会,公所的职能和职权逐渐丧失,锡金公所实际上就成了旅沪无锡人的同乡团体。1954年,公所由上海市民政局接管,改为上海市锡金殡仪馆,1966年停办,改为民政局下属的上海油管厂,主要安置残疾人士。在20世纪末的旧城改造中,原公所的大殿迁建到青浦大观园内。

镇江人的京江公所

《光绪上海县续志·卷三·会馆公所》：

> 京江公所，在方斜路。同治八年，镇江府人公建。大殿五间，东、西廊六间，议事厅三进九间，长生殿三间，厂房七十一间。

江苏镇江旧称"京口"。据记载，公元209年，三国东吴孙权把京城从苏州迁到今镇江，称为"京城"，两年后，又将京城迁到建业，也就是今天的南京。镇江是军事重镇，守卫京畿，于是又改"京城"为"京口"。胡三省《通鉴注》："大江径京口城北，谓之京江"，古人把长江在镇江的那段称之"京江"，于是"京江"也作为镇江的别名使用，所谓"京江公所"当然就是镇江同乡人团体了。

镇江位于长江的南岸，大运河从镇江通过，所以镇江不仅是军事重地，也是长江、运河航运的枢纽之地。明清两朝，中国"南粮北调"的漕运走大运河，而镇江就成了漕运的起点，其繁忙和繁华程度可想而知。漕运是皇差,就是把南方征收的大米运到北方,当船从北方返回时,又将北方的豆麦杂粮运到南方,于是历史上的镇江又是中国主要的杂粮市场,镇江商人又将豆类、小麦通过水运分销到全国各地。在本书的相关篇章中提到,清康熙开放海禁后,上海的沙船主要走北洋,把山东辽左盛产的大豆、豆油、豆饼运到上海,分销到全国各地,但是北方南运到上海的货品主要是优质的北方大豆,很少有赤豆、绿豆、豌豆、花生之类的杂豆,早期进入上海的镇江籍商人大多是豆麦杂粮商,他们把经大运河南运的赤豆、绿豆等走长江运抵上海,再把沙船南运进上海的北方优质大豆运到镇江,再分销到各地。20世纪80年代时我曾为此作过调查,一位曾被称之上海"麻油大王"的镇江人告诉我,东北大豆颗粒大,形态好,适宜制作豆芽,如磨成浆做豆腐,其与小粒大豆并无差别,而从华北的河北、河南、山东南运的大豆颗粒小,适宜磨浆做豆腐,制作豆芽就不合适。所以,镇江商人还会把小粒大豆运到上海,把北方大粒大豆运回镇江,利用大豆的价格差获取利润。毫无疑问,镇江籍商人进入上海是较早的。

在京江公所原址曾有一块刻于光绪二年(1876年)的《上海县为京江公所准予立案告示碑》,碑文说:

> ……据京江公所职董庄美曾……王全鳞禀称:籍隶镇江,在沪贸易,已及百年,向无公所。兵燹之后,每遇疾病,死亡暴露,虽各就亲知给恤资遣,不若设立公所,闻见较周。职等邀集同乡,公议提捐,于同治十二年,置买二十五保九图民田二十三亩四厘五

毫,于本年起建造房屋,作为京江公所,空地留为建设棺厂及埋棺之地。倘后捐资充裕,环求给示。

据记载,京江公所的这块二十三亩多的土地原来是上海最大的善堂同仁辅元堂的义冢。"厉"即"厉鬼",古人迷信,认为非正常死亡(如因战争受冤屈而死)的人无法在阴曹地府报上户口,不能定居,于是他们的灵魂漂荡于外,是冤魂野鬼,一旦流窜人间,就会为鬼作祟,危害百姓,破坏社会正常秩序。从明朝初年开始,朱元璋下令,全国的县必须建一处城隍庙和多处厉坛,厉坛摆放游魂野鬼的牌位,各地每年清明和十月朔要举行"城隍巡会"(上海地区增加中元,即七月十五巡会,合称"三巡会",是地方最隆重的风俗活动和节日),即把城隍从庙里抬出来,一路游行到厉坛,宣读"祭厉文"后再返回城隍庙。各地的厉坛大多建在北城外,上海也是如此。到了近代以后,1845年上海北城外被辟为租界,厉坛也被划进租界,上海的祭厉活动无法进行,于是只能改到西门外的同仁辅元堂义冢举行,但稍后的著录中则讲是在京江公所举行,以此推断,京江公所是从同仁辅元堂买的地。

另外,《光绪上海县志》中讲京江公所建于"同治八年",而《上海县为京江公所准予立案告示碑》称公所建于"同治十二年",有四年的差距。实际上,京江公所是旅沪镇江人的同乡人团体,以同乡的慈善事业为主,而在其之外还有一个以镇江豆麦杂粮业为主的商人建立的是一个叫做"米麦杂粮业公所谷堂",此见于《光绪上海县续志》,说:

> 米麦杂粮公所仁谷堂,在朝宗路北。同治八年,购屋修建,禀县给示勒石。公举司月管理,近举董事一人,以资表率。经费于代客买卖河船米麦杂粮,每石提捐钱一文;又较斛一只至三只,每月捐银一元,多则递加。光绪三十二年,与豆业合组之豆米业小学附设于此。

上海是码头,对船的分类是很清楚的,所谓"河船"就是内河、长江航运船只;文中提到的"斛"是中国古代称量粮食的量器,形似两只"升"相合,一头开口,"较斛"就是检验斛是否标准,只有经检验合格的斛才能使用。这个米麦杂粮公所的经费来源就是从同业交易中的抽成,以及检验斛的收入。清代上海有城墙和城门,大东门的正名即"朝宗门",朝宗路即朝宗门内的大街,相当于今日的复兴东路。这个公所是"购屋修建",也就是利用旧房改造的,占地面积和建筑体量不会太大,如今很难确定它的准确位置。大东门外的"豆市街"就是以这里的杂粮市场而得名的,当时把公所选址此地,当然有其合理性。

中国的农耕时代,宗族集中居住,宗法制严厉,即一支宗姓长期定居在一个地方,过了若干年后,一支宗姓就分出许多分支。一般宗姓会有一个或几个祠堂,分支的小祠堂一般称之"堂"或"厅","堂"也有自己的名称,称之"堂名"。上海的许多会馆公所往往也另取堂名,京江公所的堂名叫"敦润堂","敦"是亲密、和睦、厚重、笃实之义,镇江地区旧称"润州","敦润"就是联络镇江同乡,建立敦厚、和睦的关系。到了19世纪80年代以后,由于火轮的出现和广泛使用,原来以木船为主的商人受到很大的冲击，其势力和实力今不如昔，同样，以宗法制度为基础的会馆公所也失去了凝聚力，京江公所也只剩下一个空架子。当然，随着上海城市经济的发展和人口的增长，土地成了地皮，是最值钱的商品，京江公所的部分土地被开发建设为"敦润里"里弄住宅，旧

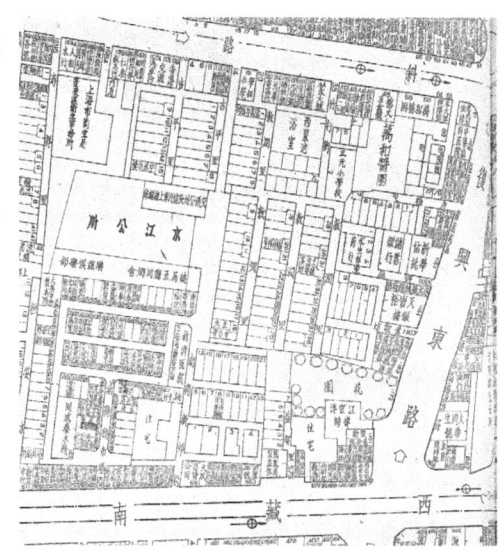

京江公所旧址在西藏南路547弄，或方斜路14弄内

址为"方斜路20弄"，原京江公所则于1954年自行解散，旧址为西藏南路547弄47号。20世纪末的旧城改造中，京江公所被拆除，但建设工程拖了很长一段时期，于是这里暂时用于"西藏南路花鸟市场"。2000年我主持设在东方明珠的《上海城市历史陈列》的部分设计，因展览中要展示旧上海"斗蟋蟀"的场景，就在这个花鸟市场中买了几百只蟋蟀盆及其他用具。我在内巡视，京江公所的建筑已经被拆了。

实际上，京江公所在上海还有一些产业，其中一块就在"豆市街"，后来建为"敦仁里"住宅（取"敦润"的谐音），主要住户就是活跃在豆市街的镇江籍商人。我已很久未到过那里，不知"敦仁里"是否还在。

苏州洞庭东山会馆

《光绪上海县续志·卷三·会馆公所》：

莫釐三善堂，在复善街。同治初，洞庭东山各商，因避难来沪者日众，马正淏、王仲鉴、叶长藻等以向有之惠安、固安、体仁三堂，并合公建为同乡会聚处，并办寄榇、施棺。宣统二年，移建于斜桥南二十五保十三图。《府续志》列"善堂"后，今考其性质应在"会馆公所"之列。

"莫釐"即"莫釐峰"，是洞庭东山的主峰，海拔293.5米，《吴县志》中讲，该峰本名"胥母峰"，战国时期，伍子胥从楚国投奔吴国，为吴国立下功劳，打下基业，他就把母亲接到苏州，居住在此山上，于是被叫做"胥母"。但是另一种说法以为，隋朝时，有一位叫莫釐的将军居住在此地，于是被叫做"莫釐峰"。这里是东山的胜景，从峰顶眺望，太湖浩瀚无边，秋天与长水一色，渔帆、果树、田陌、山村，尽收眼底；晨曦初上，登峰观日出，别有奇观，"莫釐登高"是洞庭东山胜景之一，"莫釐"

也是苏州洞庭东山的别称,当东山的三家善堂合并为一家后,即以东山的别名取名"莫釐三善堂"。

民国初印刷的《洞庭东山会馆报告书》是会馆的"征信录",收录了会馆的历年收入和开支账目,也收录了许多关于会馆的资料,其中《洞庭东山会馆记》中讲:

> 前清咸丰朝,发匪踩躏东南,商业荡然,征贵贱者,群趋沪江,迨苏城陷,东山继之,山人多殉难者,流离困苦,贫无以为殓,乡先达恻然悯之,集资赊施棺木,于是有后山体仁局、前山惠安堂之设。
>
> 同治朝,官军克复苏松,败贼分窜东山,山人避地来沪者众,兵燹之余,疫疠丛生,复赁屋小南门外饧坊弄,为病殁安殓所,于是有体仁局之设。嗣是,络续捐助太平弄等处市房,岁征租金供局用,又置肇嘉浜滨地为义冢,俾贫无力者葬焉。经费既充,规模亦备,遂价买原赁屋改造殡房,寄停旅榇,并于附近购地建堂,于是更名曰"莫釐三善堂"。

1860年,南京的太平天国为了减轻和摆脱清兵对南京围困的压力,派忠王李秀成率军突围东进。骁勇善战的李秀成率东进军一路攻克镇江、常州、无锡、苏州、昆山、松江、杭州、宁波等江南主要城邑,控制了苏南浙北地区,苏州洞庭山人为避战乱而进入上海。到同治初年,清廷招募"洋枪队"镇压太平军,苏南浙北是战场,苏州的战争更为激烈,于是有更多的苏州人逃难到上海。战争和瘟疫经常是相继发生的,逃到上海的苏州人不少被疾病夺去生命。于是,旅沪的苏州洞庭东山人临时集资组织体仁堂和惠安堂,帮助同乡人解决困难。不久,在富裕的同乡人的资助下,苏州洞庭东山的惠安堂、固安堂、体仁堂决定合并,由于善堂的经费落实,合并后的"莫釐三善堂"决定在上海建立独立的堂址,堂址设在南门外饧坊弄。中国古代,蔗糖仅产于南方的广东、福建一带,产量很少,中国的食用糖主要是用麦芽制作的"麦芽糖",即上海人讲的"琼糖",官话称之"饴饧"或"饧(xíng)"。不过,江南一带念"饧"为"糖",上海的糖坊弄就是以制饧作坊集中而得名的。今天,南门外仍有糖坊弄和糖坊北弄。《光绪上海县志》讲:"莫釐三善堂,在复善街","复善街"又作"复善堂街",是以这里有一个叫复善堂的善堂而得名的。在复善堂的西面有一"江阴公所",由旅沪江阴人建于1909年,占地面积不足三亩,于是公所门前的那条路后被叫做"江阴街"。1937年的"八一三"淞沪战争后,江阴公所被炸,战后重建,江阴公所早已名存实亡,旧址改为"江阴旅沪小学",解放后一度为江阴街幼儿园,址为江阴街311弄5号,今

上海南市糖坊弄以制糖作糖集中而得名

天这里已发生翻天覆地的变化。旧复善堂街与江阴街是相连的路,解放后,将复善堂街与江阴街合并成一条江阴街,那个"莫釐三善堂"就在旧糖坊弄复善堂街的东北转角,即今天的大南门外糖坊弄江阴街转角。

席正甫(1838—1904年),名素贵,苏州洞庭东山人,咸丰七年(1857年)来上海,在同乡人开的钱庄里当学徒,约同治末入汇丰银行任"跑街",能操流利的"洋泾浜英语"和广东话、官话。原汇丰银行买办王槐山辞职后,席正甫继任汇丰买办达三十年之久。任内扩大对钱庄的拆票业务,在天津开设分行,代表汇丰银行与清政府订立"福建台防借款",与李鸿章关系密切,并在李鸿章的保荐下,通过捐例获二品红顶花翎,授道台职;又与上海道袁树勋换金兰谱而称兄道弟。自己也独立或与人合股开设钱庄,他的子女,亲属也"一人得道,鸡犬升天",大多在外资银行任买办,或在中资银行任经理,形成了一个庞大的金融网,以洞庭东山为代表的上海金融帮也被叫做"东山帮"。我们可以从以下表中知道东山席家在上海的地位和势力。

席氏买办家族简表

	姓　　名	与席正甫关系	买　办　简　历
长房	席素煊（嘏卿、缙云）	兄。	约1875年,在英商麦加利银行买办间任司账,后升为买办。
	席锡藩（裕康）	侄。席素煊之子。	1879年在麦加利银行买办间工作,后任副买办,1896年起任买办;1907年又继其叔席缙华任华俄道胜银行买办;1925年转入中法工商银行任买办。
	席德鎏（颂平）	侄孙。席锡藩之长子。	初任麦加利银行"写字",继任华俄道胜银行"跑楼",以后转入北京中国银行任赴外稽核。

续 表

	姓　　名	与席正甫关系	买 办 简 历
长房	席德渊(涵深)	侄孙。席锡藩之次子。	曾在中法工商银行买办间工作,后任某瑞士商轮船公司买办。
	席德洼(济群)	侄孙。席锡藩之三子。	美商信济银行买办。
	胡笛栏	席锡藩的连襟。	先在汇丰银行买办间工作,后任汇丰银行虹口办事处买办。
	胡筠秋	席锡藩之婿,胡笛栏之侄。	继其父胡寄梅任华比银行买办。
二房	席正甫		(略)
	席裕成(立功)	长子。	1904—1923年汇丰银行买办。
	席德潘(鹿笙)	孙。席裕成之子。	约1923—1937年汇丰银行买办。
	席德熏(伯虞)	孙。次子席友于之长子。	运通银行副买办。
	席裕光(德辉)	三子。	宝信银行买办。
	席德懋(建侯)	孙。席裕光之子。	曾任外汇经纪人及华义银行买办,后任国民党政府中央银行业务局局长。
	席裕美(云如)	四子。	台维洋行买办。
	席裕奎(聚星)	五子。	先任汇丰银行副买办,后转任住友银行和有利银行买办。
三房	席素荣(缙华)	弟。	初在汇丰银行买办间工作,后任德华银行、有利银行及华俄道胜银行买办。
	叶明斋	侄婿。席素荣之婿。	1893年起任横滨正金银行买办。
四房	席素恒(沈吉成)	弟。过继给舅父沈二园为子,改姓沈。	新沙逊洋行买办。

续 表

	姓　　名	与席正甫关系	买　办　简　历
四房	王宪臣(仁荣)	沈吉成之婿,也是席友于的妻弟。	1888年任新沙逊洋行收帐员,后任副买办;1907年继席锡藩而任麦加利银行买办。
	黄振之	沈吉成之婿。	曾任华俄道胜银行副买办。

苏州洞庭东山离上海不算太远,水上交通也比较方便,所以大多数东山人的殡葬选择落叶归根,葬到自己的家乡。汉语把棺材称之"椁"、"棺"等,放了尸体的棺材则称之"柩"。"人生七十古来稀",古人寿短,古代殡葬习俗,生人在四五十岁时就应该为自己准备棺材,称之寿材、喜板等。在农村里,家庭的空间比较大,一般可以在厅堂的后面搭一个阁楼,喜板放到阁楼上,而城市的居住空间较窄,把喜板放在家里不合适,上海的会馆大多设有"寄椁处",为同乡人寄椁服务。"越日小殓",传统殡葬风俗在人死后的次日为死者沐浴更衣,"三日大殓",人死后的第三日把尸体放入棺材,并规定,大殓后应该移出家门,放到合适的地方,而真正的出殡可能在人死后的一二年,甚至更久,也就是讲,柩会存放较长的一段时期。客居上海的人不可能当即把灵柩运回家乡,于是,设在上海的会馆公所大多会建立"丙舍",也就是"寄柩处",为同乡同业寄柩服务,再在合适的时间,负责将灵柩运回家乡。随着上海城市的发展,南门外的农村也逐渐城市化,"饧坊弄人烟稠密,恐碍卫生",那么多的棺材、灵柩集中堆在那里,确实对当地人的生活有影响,不适时宜。于是,1910年莫釐三善堂"在小西门外斜桥地方购地十一亩五分三厘一毫,移建丙舍七十五间"。仅过了几年,他们又

感到,莫釐三善堂离自己的"丙舍"太远,给工作带来不便和麻烦,于是由东山席家长房长子席锡蕃出面,在斜桥的"丙舍"处建立"洞庭东山会馆"。《洞庭东山会馆记》是这样讲的:

> 今岁之春,总董锡蕃先生谂于众曰:上海为通商总汇之区,天下之人咸出其途,若直隶、山东、湖南、西蜀、徽州,及潮惠、泉漳、宁绍等处,会馆林立;若广肇、四明、锡金、平江公所,虽不以会馆名,实已举会馆之实。即如金庭会馆为洞庭西山人所建,东山与西山对峙,我同乡散处申浦,统政界、学界、商界、工界,计之无虑千万人,有觌面不相识者,有偶相识而莫能举其姓名者,何以通情义,何以联乡谊。近虽新设旅沪同乡会,然无一椽,惧其久而消灭焉。

于是,1915年,就在斜桥的原莫釐三善堂丙舍处正式成立"洞庭东山会馆"。该文中提到,清末民初上海掀起一股建立"旅沪同乡会"之风,旅沪同乡会也须向政府注册成立,但并没有规定要有自己独立的建筑,大多只是临时租用民宅或写字间建立,可以随时搬迁、注销,就是引文中所讲"新设旅沪同乡会,然无一椽,惧其久而消灭焉"。所以洞庭东山人建立的同乡机构并不赶时髦称"同乡会",仍以传统称"会馆",也许,洞庭东山会馆是上海成立最晚的会馆。

《洞庭东山会馆章程》第一条就说明"本会馆系联合莫釐三善堂、旅沪同乡会以归统一,定名曰洞庭东山会馆",它既是一个旅沪洞庭东山同乡人的组织,也是一个洞庭东山人的善堂,其主要职能就是寄柩、暂厝,将灵柩运回家乡,当然,丙舍占了最大的面积。到了20世纪30年代以后,不少洞庭东山人举家迁居上海,选择"落叶归根"者越来越少,于是原莫釐三善堂除继续为同乡人服务外,利用空地建立"丽园殡仪馆",并办社会服务。1956年,上海全面实行火葬,原丽园殡仪馆与由原湖南会馆的斜桥殡仪馆贴邻,就合并为一,合称斜桥殡仪馆,70年代后撤销,旧址为丽园路423—519号,如今这里已建为上海中高档住宅区。

山东会馆至道堂

吕海寰(1840—1927年),字镜宇,山东掖县人。清同治六年(1877年)举人,任总理衙门章京。光绪二十二年(1896年)十月,任苏松太兵备道,即上海道。次年,以四品京堂候补,出使德国、荷兰。二十七年回国,任工部尚书、驻沪商约大臣。三十年,与盛宣怀同英、美等国领事及商人组织万国红十字会。三十三年,任外务部尚书,后又任督办津浦铁路大臣、会办税务大臣,在上海史上是一位有影响的人物。光绪三十二年(1906年)他以商约大臣驻上海期间写过《创修山东会馆碑记》,全文较长,摘要如下:

上海,在我国朝之初,仅海陬蕞尔邑,而吾乡之商此土者,至今二百余年,尚有田址之留贻,若预知今日之繁盛,以备后来者恢张之用,盖先民之所见远矣。余自光绪甲午(1894年),承乏镇道,丙申(1896年)权摄沪关,则常进吾乡之商于斯者,询以利弊。既稔知来者之多,与旅居之不易,每思辟地为馆,以生合群之力而联散涣之情。乃丁酉(1897年)冬,奉使以去,未能举行。迨辛丑(1901年)腊月,自海外归来,奉命留沪,办理商约。当是时,历城汪瑶廷观察适宰上海,政成而事举,吏畏而民怀。沪城迤西,有地一区,兵燹几更,蒿莱满目,幸存古碣,知为顺治间吾乡公购。汪君谋立会馆,众以为然。王瑞芝等君首创蠲金,扩基造大,绘图示余。适今江西巡抚海丰吴公仲怿,以管电政驻节上海,闻之亦乐观厥成。于是建议兴修,公请徐星阶大令董其役。殷者效财,能者尽力,朴不伤陋,华不至侈。始光绪癸卯(1903年)四月,及丙午年(1906年)冬月迄工。

中国东、南临海,长江在中国海岸线之中点注入大海,习惯上以长江口为界,以北的海面称"北洋",以南的海面称"南洋",上海位于长江口的南岸,属于南洋与北洋的交界处。北洋依托的陆地是华北和华东平原,千万年来,黄河夹带着大量的泥沙在这里注入大海,受潮汐的影响,泥沙在近海沉淀下来,北洋近岸形成几十里、甚至几百里的滩涂,涨潮时,海水淹没滩涂,退潮时,滩涂露出水面,只有称之沙船和山东制造的卫船这样的平底浅船才能在这里航行,一旦搁浅,也可以等待下一次涨潮继续航行。南洋依托的陆地是浙江、福建的山地丘陵,近海多悬崖、岛礁,水深浪急,只有浙闽制造的深水船才能在这里航行。于是,上海是南北洋的交接点,也是近海南北航运的枢纽、中转站,近海南北贸易的集散地。从北方南运的货物必须装上沙船、卫船,进上海港后卸货,改装南洋的深水船后才能继续南下,同样,南方北运的货物先用深水船,进上海港卸货后改装沙船、卫船才能继续北上,特殊的地理位置决定了上海港的地位和作用。

1368年,朱元璋抢在其他反元的农民军之前登基做了大明王朝的开国皇帝,引起了其他农民军的不满和反对,于是朱元璋调集精兵强将打击和镇压反对他当皇帝的其他农民军,被击溃的农民军只得退至边境和近海岛屿。为了继续围困镇压他们,朱元璋颁布了极为严厉的"海禁"令,就是禁止在中国近海开展航运和贸易,甚至强迫部分沿海的居民撤离海边或向边境移民,其结果就是使中国从元朝兴起的近海航运中止,沿海的港口衰落,已经形成的海上航运集团纷纷移居东南亚、东洋。有明一朝,海禁时禁时弛,以禁为主,明朝后期是海禁相对松弛的时期,于是山东的船民开始了北洋航运,他们把中国东北盛产的大豆、豆油等运到上海,再把南方的货物北运山东、辽左。据《关山东公所义冢地四至碑》中讲:"溯自山东茔义田之设,肇于国初顺治年内,合关东、山东两帮,集资于上海县城西置田五十余亩,以为葬埋公地。"这就是吕海寰《创修山东会馆碑》中提到的"而吾乡之商此土者,至今二百余年,尚有田址之留贻"。

清兵入关后,明朝旧臣拥戴唐王朱聿键南下福州,建立"南明"隆武王朝,郑成功也表示效忠南明隆武王朝,并不断遣水师北上,从沿海骚扰、打击清军,沿海的局面更加紧张,顺治皇帝下达了更加严厉的海上禁运政策。曾羽王是明末清初青村(今上海市奉贤区青村)人,有《乙酉笔记》(抄本)传世,提到清初海禁,说:

鼎革后,海禁尚未甚严。即岁奉严密,犹得易船而筏,人可备食诸味。至顺治十六七年,并绝开排之例,人乃于途次张网。自苏、宜两大人(按:即部臣苏纳海、宜理布)巡历后,家有藏网者以叛逆论,而居民遂无可下手矣。然康熙二年,海中鱼盛之极,漂入海滩。居民与兵丁争拾之,然居民拾者,一见兵丁,即委去,惟恐罹于法也。若蛏及海鲰之类,则又不在禁例。至二年六月间,抚道差官至所,于护塘外鳞次树木,并置界牌一面,上书:"居民过限者,枭示!"于是海中之物,无一可取矣。即灰墩之远地者,不得摊晒。犹忆故老之言曰:昔明太祖遣戍边海,而安土重迁者不肯行。太祖有诏曰:"海滨非苦地也。十家三酒店,一日两潮鲜。"不意潮鲜绝,而沽酒亦无从矣。立法之严,致有此累。

南明的水师使用的是深水船,所以,清初的海禁主要针对南洋。但是沙船和卫船也进不了上海港,北洋的航运事实上也中断,山东与朝鲜隔海相望,于是,绝大部分山东航海船只就转向朝鲜。直到今天,朝鲜与韩国的华人中,山东裔占了最高的比例。山东航运商退出上海后,他们在顺治初在上海城西购置的土地因无人过问而成了荒地。

汪懋琨,字瑶廷,山东历城人。光绪十二年(1886年)进士,光绪二十六年至三十二年任上海知县,也是上海山东会馆的主要发起人。他撰有《新建山东会馆记》,说:"道光之季,粤匪东窜,咸丰庚申,苏郡失陷,上海婴城固守,发逆屡来窥伺,干戈扰攘,城西悉成战场,吾乡之商于斯、旅于斯者,皆避难航海而归,是地遂任其荒废,无复过问者。"应该讲,当康熙开放海禁后,有相当数量的山东航运商又进入上海,但规模不大。近代以后,中国又是多事之秋,1853年太平天国定都南京,这一年又爆发小刀会起义,1860年太平军东进,上海长期处于动荡之中,那些山东商人又离开上海,回山东开展对朝鲜的贸易,以至于在清初就在上海置地建立"关山东公所"的山东人,一直到清末还没有自己的会馆公所。

众所周知,清朝时,中国与朝鲜一直保持着传统的亲密关系,日本自明治维新后,迅速走上对外扩张的军国主义道路,制定了以掠夺朝鲜和中国为首要目标的"大陆政策"。1894年,朝鲜南部发生秘密结社东学党领导的大规模农民起义,朝鲜政府镇压失败后,请求清朝出兵,而日本就利用这个机会,以保护侨民为由出兵朝鲜,战争以清朝失败而告结束。次年,中国与日本签订《马关条约》,清朝承认朝鲜为"完全无缺之独立自主",实际上就是承认日本对朝鲜的控制权,从此朝鲜沦为日本的殖民地。中日甲午战争后,许多朝鲜人流亡中国,中朝贸易也被迫中止。于是大量的原从事对朝鲜航运和贸易的山东商人被迫回国,其中有相当一部分人就进入上海,在贸易上形成"山东帮",而有更多的商人成为上海钱业的翘楚。《新建山东会馆记》中说:"界址既清,同人遂有创建会馆之议,南市公估局、广记、六吉等号,将存项输助三千金,怡顺昌、正祥同、公和通三家先分垫万余金,乃于地之西、北两角,添购地六亩有奇。"创建山东会馆的主要捐款人是"南市公估局",必须把这个机构交待清楚。

中国是长期实行银本位制的国家,就是以白银作为货币的本位,白银当作货币使用时称重计价,以"两"为单位,称之"银两";白银价贵,称重也很不方便,于是又以铜钱为辅币,以枚计算,一枚为"一文",千文相串为"一贯"、"一缗"。在相当长的历史时期里,银两与铜钱的兑换价大致为一两兑千文,到了清朝以后,铜的产量有所上升,比价有较明显地变化,道光年间,一两白银约可兑一千五百文铜钱,而到清末,一两白银可以兑三千文铜钱。明末清初,中国对南洋的贸易中,南洋诸国使用的西班牙利用墨西哥银矿铸造的银元流入广东、福建等中国南方省份,清康熙开放海禁后,银元又大量流入上海,成为贸易的结算货币,银元每枚实重七钱二厘(早期进入的银元多实重七钱三厘)。上海的贸易中,大宗贸易一般以银两结算,小额交易以银元结算。有了二种货币,一定会有行情,通常银两与银元的比价为一枚银元兑银两七钱三厘至七钱九厘之间浮动,也就是讲在"厘"之间游动,所以旧上海把白银与银元之间的行情称之"洋厘"。白银是金属,冶炼后的银块会有成色,也即含银量的差异,成色好的白银旧称"纹银"。根据今人对旧时纹银的化验、测定,旧时纹银的含银量为93%—94%之间,但受到各地银矿的品质,冶炼技术的限制,各地铸造的银块的成色是不一致的,甚至有的地方故意将成色严重不足的银块当作纹银投入市场。《皇朝文献通考·钱币考》乾隆十年条中说:"凡一切行使,大多数少则用钱,数多则用银。其用银之处,官司所发,例以纹银。凡商民行使,自十成至九成、八成、七成不等。遇有交易,皆按照十成足纹,递相核算。"民间的小额买卖一般只使用铜钱,而巨额的交易大多以银两结算,地方政府与中央政府之间的征税、交税必须使用纹银,而民间的商业往来,由于白银的成色不统一,就应该以纹银为标准,成色不足的银块应该扣除杂质,以十成纹银计算。问题在于一般人是难以或无法判断银块的成色的,于是必须有一个专业和权威的机构,对流入市场的银块重新鉴定,这种机构就是"公估局",对达到标准的银块加盖鉴定机构的硬印,而成色不足的银块重新冶炼后铸成固定重量和形状的宝银,加盖冶炼机构(旧时称之"银炉")和鉴定机构硬印,就可以进入流通。近代以后,上海的"公估局"有两家,一家设在租界天津路山西路口,成员以安徽商人为主,另一家即南市公估局,成员以山东商人为多。

山东会馆成立时就订有《山东至道堂规章五十则》,其中对会馆的资金来源是这样定的:

一议　会馆初设,存款毫无,所有开销,端资捐助,庶几集腋成裘,共成盛举,不至有始无终。

一议　各业来申安庄者,无论买卖何货,均以值银根万两抽捐一两。

一议　钱业在申作银钱生意者,凡进口现银洋、萝卜等,每值银根万两抽捐二钱,出品在所不计。

一议　在申专做汇水生意者,每银根万两抽捐一钱。

一议　在申设立报关行生意者,经报客货但按货水脚,每银根万两抽捐五两,若经费等则一概不在捐内。

一议　在申设立行栈生意者,代客经手卖货,按照卖价每银根万两抽捐五钱。

一议　货捐既有定章,而进款仍属寥寥,难资接济,是以复计及月捐,以期积蓄而备公款支销。凡沪上设立门市之家,每月捐洋三元,各客号每月捐洋一元。

一议　在申专做掮客生意者,不论卖货多少,第按每位每月捐洋五角。

文中提到的"萝卜"规范名称为"卢布",是当时沙俄货币,在沪的山东商人大多从事与北方的贸易,而当时中国东北的不少地方被沙俄占领,以"罗卜"为结算货币。从《规章》中可以知道,山东会馆的主要经济来源或主要成员就是从事钱业,报关、外贸的商人。

《山东至道堂规则五十则》中还规定:

一议　同乡之游于沪上者,或客居或路过,如有应代理直之事,必先由本帮司董为之理处,如事可了,毋庸集议。倘本帮司董不能清理,再行传单齐集公议,若本人不经本帮司董知觉,自行投刺前来者,一概不理。

一议　遇有同乡向系安分之人,被人欺侮或被牵累,公同具禀保释等事,必须先约的实同乡店铺,写立保单存留会馆,恐保出之人或犯事端,即为其保人是问,不得空言无凭。

一议　同乡因事争讼呈控各衙门,或由官发查控公件,所有应给差房等费,均由具控本案之人自行料理,会馆不同。

在《广州和肇庆人的广肇公所》一文中提到,上海的广肇公所为了维护旅沪同乡人的利益,经常出现偏袒、偏激的举动,而山东会馆的态度和行为就温文尔雅多了,这可能与旅沪的山东人大多从事钱业、外贸业有关。不过,不少旅沪山东人对自己的会馆不主动、积极帮助自己人颇有微词,直到今天,上海的老年人还知道,旧时沪上流传一句关于山东人的谚语——"山东人,独吃自家人"(此"吃"有欺侮之义)。

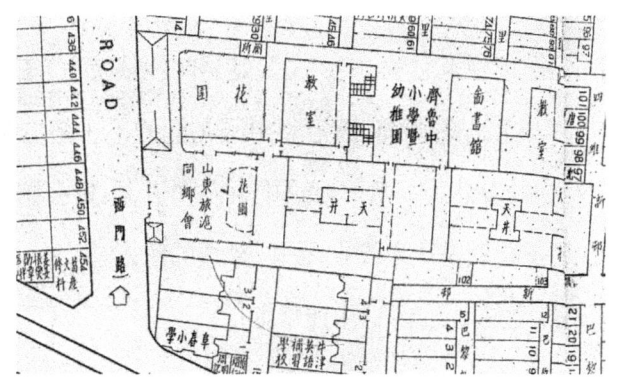

山东会馆旧址在西门路(今自忠路)455号,今为教师进修学校

1914年,法租界扩张成功,山东会馆的地基被划进法租界,除了原来设在会馆里的"丙舍"迁出外,会馆照常开展工作。1942年,会馆的部分土地改造为齐鲁中小学,公开对社会招生。1953年,会馆由中国人民救济会上海分会接收,齐鲁中学则由教育局接管,1964年归卢湾区教师进修学院使用,后又改为卢湾区教育学院,址为今自忠路455号内。

湖南会馆和瞿真人庙

《光绪上海县续志·卷三·会馆公所》：

> 湖南会馆，在斜桥南。光绪十二年，湖南省人公建。计房屋三进，共十余间，后丙舍二十余间，略有园林。基四亩余。

文字很简，只知大概。湖南省位于长江中游，与上海相隔了几个省，相距千里之遥，但是有资料证明，在鸦片战争之前，已有许多的湖南人通过长江水道进入上海。

1851年，以洪秀全为首的太平天国运动在广西桂平金田村爆发；同年，太平军率兵北上；次年6月后，太平军攻抵湖南。仅在几个月的时间内连下道州（今道县）、郴州（今郴县），取长沙、益阳、岳州（今岳阳）等地。长期的战争使湖南全省处于兵荒马乱之中，大批的农户和小手工业者破产，他们为求得一线生机而纷纷离乡背井出外谋生。太平天国是中国近代史上最大的农民运动，他们把矛头直指清朝政权外,也对地方豪绅实行专政,于是更多的地方豪绅为躲避灾难而流亡他乡,其中就有一部分湖南人沿长江水道进入上海。通常中国人是十分留恋故土的,所以当1865年太平天国运动被镇压后,原来来上海避难的百姓有相当一部分迁回祖籍,重振家业;但是湖南离上海较远,搬迁颇为不便,所以来沪的湖南人大部分就在上海定居下来了。光绪十三年(1887年)来沪的湖南人集资购进斜桥之南的土地四亩余建立了湖南会馆。会馆是联络同乡人感情,解决在沪湖南人或初来或路经上海的湖南人的生活困难外,主要帮助客死上海的湖南人厝柩和将棺椁运回湖南老家,所以会馆建筑除正殿作为办公或会谈的地方外,偏殿和两厢均作为停柩的丙舍。20世纪以来,随着人们地望观念的转变,来沪的湖南人经常是整个家族迁居上海的,经过几代以后,他们也以"上海人"自居了。

上海湖南籍人口的增加与日商汽船会社有较大的关系,在19世纪80年代后,虽然也有太古轮船公司、中国轮船招商局等几家航运公司操控了长江航运,但只在镇江、南京、芜湖、九江、汉口、宜昌等开放口岸设立码头。1901年,日商边藤廉平、如藤正义等集资一百五十万元购进三条火轮,创建湖南汽船会社,开通湖南至上海的定期航班,1907年,本部设在上海,以经营长江航运为主的日商大阪商航会社、日本邮船会社、大东汽船会社、湖南汽船会社合并组成"日清汽船会社"(英文名Japan-China Steamship Co.,清朝,外国人称China为"清"、"大清",所谓"日清"就是"日华"或"日中"),业务虽有所拓展,但仍按原来几家公司开通的航线经营。在上海的码头便是位于虹口扬子江路的日清码头。近几年,上海的相关部门及人员找到了当年毛泽东乘船从湖南出发,在"虹口码头"上岸的记录,由于当时被笼统称之"虹口码头"的地方很多,于是各家为毛泽东当时从哪一个码头上岸争论不休,实际上,当时开通上海至湖南长江航线的仅日清汽船会社一家,上海的码头应该就是虹口的"日清码头",那些争论似乎是多余的。

长江中游的湖南、湖北佛教势力不强,而信奉道教的人很多,瞿餐芹是明朝人,据说他长期隐居湖南长沙的集云山修炼,羽化后成仙。据传,他经常化作平民出没人群中,能替人指点迷津,逢凶化吉,还能替人治病,保佑平安,清同治年间被封为"溥护侯",光绪年间又加封"照应侯",是湖南人最敬重的神道,被道教和民间尊为"瞿真人",许多家庭供有瞿真人神像。1887年湖南会馆建成后,1892年,会馆又购进会馆南面的土地建了一个"瞿真人庙"。据记载,会馆的每年例会前,会董们必须先到庙里礼拜瞿真人。庙南的一条路也被叫做"瞿真人庙路",可能是路名太长,又被叫做"瞿真人路",就是今天的瞿溪路。

众所周知,会馆公所是封建宗法制度下的同乡团体或同业机构,到了20世纪以后,尤其是中华民国建立以后,宗法制度已经解体,而民权的意识逐步提高,政府又逐步推行社团登记制度,与许多会馆公所一样,湖南会馆的社会职能和职权逐步衰落。湖南会馆的主要职能之一就是"寄柩",就是帮同乡人寄放棺材,并把灵柩护送到家乡,而实际上,已经定居上海的湖南人选择死后葬在上海,约20世纪30年代,会馆就将原来的丙舍改建为礼堂,改称"斜桥殡仪馆",对社会提供殡葬服务。1961年,上海实行殡葬改革,全面实行火化,上海市民政局在

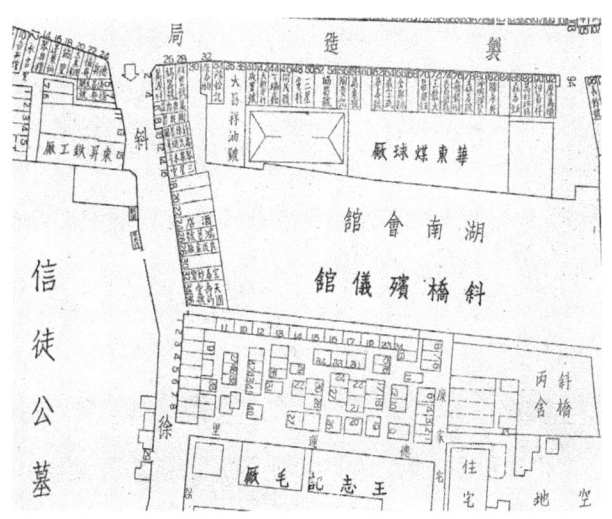

湖南会馆旧址在制造局路94号

这里添置了焚尸炉等设备,负责沪南地区的火化,于是又被改称"斜桥火葬场"。以前,我有几位住在南市的同事,去过几趟火葬场,这里仍是传统的会馆建筑,很破烂。20世纪70年代后,为了减少城市污染,火葬场业务并入龙华火葬场(今龙华殡仪馆),旧址改作他用。湖南会馆的旧址为制造局路30号,今天,这里已被建为高层建筑,无任何遗迹可寻。

在1913年的"二次革命"中,斜桥一带是主战场,破坏严重,瞿真人庙遭到一定程度破坏。由于会馆机构松散,庙就被道士掌管而对社会开放。上海人并不清楚瞿真人是湖南人信奉的神道,只是听说这位神很灵验,庙的香火很旺。以前,由于医学条件很差,小孩生病后死亡率是很高的,于是上海流行一种拜神道为"过房爷"的风俗,当地居民有小孩出生,就把小孩过房给瞿真人,瞿真人会保佑自己的"干儿子"

一生平安。我认识的几位朋友中有人告诉我,瞿真人是他的"过房爷"。"文革"开始后,瞿真人也难以逃脱厄运,被扫地出门。旧址被上海互感器厂使用。旧址为局门路427号,如今这里已是上海中高档住宅区。

江西会馆

大概在二十多年前，一位熊姓的台湾商人通过我的朋友找到我，他的祖籍在江西南昌附近的一个县城，其祖父早年在上海经商，还是上海江西会馆的董事，如今在上海投资，很想到江西会馆拜谒，但是问了许多人和相关的单位，谁也不知道上海曾经有过一个江西会馆，更不清楚它在哪里了。

江西会馆又称"豫章会馆"，"豫章"是今江西省府南昌的别称。唐朝大诗人王勃当年南下交阯探望父亲途经南昌，应邀出席都督阎伯屿在滕王阁的宴会，欣然命笔，写下了千古绝唱《滕王阁序》，文章起首就是"豫章故郡，洪都新府，星分翼轸，地接衡庐"。这"豫章"就是今日的南昌，"豫章"之名大概在隋朝就废而不用了，而由于王勃的《滕王阁序》，"豫章"长期作为南昌的别名沿用至今。江西会馆实际上是以江西南昌籍为主的旅沪江西人的同乡团体。《上海江西会馆征信录·上海江西会馆史略》中讲："本会始创于前清道光二十一年，其时赣人之旅沪者，尚不及三数百人，贸易之最先而稍可称述者，厥维棕会。虔南

《图画日报》绘"江西人钉碗"

曾公承显知上海县事,乃与袁章煦、王振凤、郭光溶、邱鸿钧、魏崇山、杨祥昆诸公谋创会馆,且自捐官俸以为之倡,商人之抽纳货厘即自此始。"江西位于长江中游,长江这条黄金水道加强了江西与上海的沟通,估计在清康熙(1685年)开放海禁后江西商人就进入上海,到1843年上海开埠之前,旅沪的江西商人也有二三百人。道光二十一年,即公元1841年,江西南昌人曾承显(虔南)任上海知县,于是他招集了在上海的江西人,并自己先捐出部分俸禄,创议在上海建立江西会馆。刻于道光二十九年(1849年)的《新建豫章会馆始末碑》中说:

追余壮岁离家,在申贸易,吾乡人之藏于其市者,实繁有徒。

平居各勤其业,弗尚往来,即伏腊岁时,彼此过从,仅十之二三。方欲创一公所,凡事遇公私,集议其中,藉可时常亲近,未始非联属乡谊之善举,终以俗务纷投,刻无休暇。迟至道光二十一年,知上海县事虔南曾公,籍本江西,与余同省,久入仕途,颇教乡谊,下舆伊始,招叙衙斋,询及豫省士商,众居兹土,宜营会馆。俾春秋佳日,宴集谈心,不时聚首,虽处异乡,情同故里,一举三善,其快如何。于是,退而图之,旋于县治小南门外念三铺董家渡街,先行垫款,买得马姓地基一亩二分,遂向各乡劝募捐赀,厘金接济。又荷茶商连岁厘金,输将踊跃,经费于以有资……

当年倡议建立江西会馆的上海知县曾承显也撰有《创建豫章会馆劝疏碑》,其中说:

> 余以己亥冬,量移兹邑,治剧理繁,每以旌盖送迎。略乘余隙,藉历诸观邑之喧阗,惟大、小东门为最,而货迁俦侣,亦稠集于兹为多。各省栈商如闽、如粤,如山东、西等,皆建设会馆。惟讶吾乡之躬是业者遍天下,而于此独缺然建造,心实异之。今年春,吾会乡之世业于此者袁、王、魏、郭、邱、杨买得小南门外旧屋壹所,本为吾乡熊君世业,拟即改筑江西会馆,以祀吾乡福主旌阳许真君。余禀求立案。

许真君是中国道教神道人物,最受江西人的敬重,最早见于唐段成式的《酉阳杂俎·前集》,讲许真君又叫许旌阳,是一位叫吴猛的高道的弟子,当时江东一带闹蛇灾,吴猛就带了弟子百余人到江西高安。他在那里搭了一个法坛,把木炭百余斤放到坛上作法,到了夜里,一根根木炭就变出一个个美女,还去诱惑吴猛的一个个弟子。吴猛发现,除了许旌阳外,他的弟子全部被美女迷倒了,从此,许旌阳就成了吴猛真正的弟子。当然,关于许旌阳的传说很多,但多与江西、南昌有关,许真君的俗名叫许逊,字敬之,原籍河南汝南,因为汝南旧名叫"蔡"、"蔡阳",是周武王弟叔度的封地,于是许真君也以地望称之"许蔡阳",后来,他以孝廉而授旌阳(今湖北枝江县)令,政绩卓越而被人们称之"许旌阳",他又追随道士吴猛学法,成为驱妖高道。据说,当年南昌有蛇妖作祟,诸法士奈何不了它,百姓深受其害。于是请许逊出山,与蛇妖斗法后将蛇妖杀死。为了防止蛇妖复活卷土重来,他还在南昌城中心与长江相通的井里立了一根用八根粗大铁索固定的铁柱,彻底镇压住

民国时期上海街头的钉碗摊

蛇妖,元代吴全市有诗曰:"八索纵横维地脉,一泓消长定江流",讲的就是这个故事。今人也许以为这是迷信,是鬼话,但古人还无法正确看待迷信。

旧碑中讲江西会馆在上海"小南门外念三铺董家渡街",《光绪上海县续志》讲:"江西会馆,在妙莲桥堍",这些均是当时使用的地名,民国以后的地址是"小南门外南区街57号",另一个地址是董家渡路308号,部分在解放后为董家渡派出所使用。如今,南区街还在,我已很久没到实地去过,这里一定发生了很大的变化。在南区街的北面还有一条叫"蔡阳牌楼弄"的小路,据讲当年江西会馆在这里搭了一个许真君的"蔡阳牌楼",这条小路就是以这个牌楼得名的。

四川人在上海的蜀商公所

蜀商公所是旅沪四川人会馆,故又称"四川公所"。"君在长江头,妾在长江尾",上海与四川分别在长江的首和尾,有长江这条黄金水道沟通,但路程几千里,十分遥远,大概一直到19世纪80年代后,有了长江的火轮运输,进入上海的四川商人才逐渐增多,大约到19世纪末,旅沪的四川人才在上海建立蜀商公所,主要为四川同乡寄柩,并代办将灵柩运回四川家乡。在上海众多会馆中是规模和实力较小的公所。但是,有几件在上海发生的事与蜀商会馆有一定的关系,也使它有一定的知名度。

邹容(1885—1905年),四川巴县(今重庆市巴南区)人。原名绍陶,字蔚丹。初入私塾,据说他参加当地考试时,认为主考官出题为难考生,就罢

邹容像

考退场,不久就到重庆学习日语和英语,从此接受了新学,同情变法维新。光绪二十七年(1901年)夏,赴成都参加留学生考试,因思想激进被取消录取资格,就在这一年来上海,入上海广方言馆学习日语,次年春赴日本,入东京同文书院学习,并积极投入反清活动。光绪二十九年(1903年),回到上海,积极参加各项革命活动,就在这一年,他的《革命军》一书由上海大同书局出版,全书二万余字,分作七章,以通俗浅近的文字,宣传推翻清朝统治,反对外国入侵,主张建立独立自主的"中华共和国",刊印后又被辗转翻印,总印数超过一百万册,成为当时颇有影响的政治书籍。《革命军》刊印后,上海的《苏报》相继发表章士钊等人的《读〈革命军〉》,章太炎为《革命军》写的序,以及介绍《革命军》的文章、广告,称《革命军》为"国民教育之第一教课书"。称赞《革命军》"文极犀利,语极沉痛"。与此同时,《苏报》还发表多篇反清文章,把反清革命的舆论宣传推向一个高潮,引起清王朝的恐慌。上海道与公共租界多次交涉,要求工部局拘捕并引渡章太炎、邹容等人,查封《苏报》社,最终达成协议,就是租界当局同意查封《苏报》社,拘捕涉案人员,但不把拘捕的人员引渡给清政府,而由租界会审公堂审判。1903年6月30日,章太炎在爱国学社被捕,7月1日,已经脱离险境的邹容主动投案,这就是中国近代史上著名的"《苏报》案"。该案件的审判延迟了很长的时间,1904年5月21日,会审公堂判章太炎监禁3年,1906年6月29日刑满出狱,立即东渡日本;邹容判监禁2年,自到案日起算,期满逐出租界。不过,邹容无法忍受狱中之苦,于1905年4月3日瘐死狱中。工部局为了表明邹容系正常死亡,邀请医界、报界等人士到监狱验尸、调查,并无邹容属非正常死亡的报道。

邹容在上海没有任何亲属,革命党人也不便为邹容收尸。邹容是四川人,唯一合理的方法就是由上海蜀商会馆以同乡人的身份收尸,于是,邹容的后事即由蜀商会馆操办,把灵柩暂厝蜀商公所,并与革命党人配合,准备择日运回四川老家。因清廷对邹容恨之入骨,在他生前,非置其于死地不可,当邹容死后,又想掠其尸体,开棺鞭尸,以儆效尤。并准备在长江沿线布下伏兵,待邹容灵柩出上海后即动手劫棺。革命党和蜀商会馆也获知这一消息,遂决定仍将邹容灵柩暂厝蜀商会馆。蜀商会馆在北四川路底,并不在租界里,革命党人担心清廷可能派人闯入会馆劫棺,于是由《时报》于4月17日发布《告邹容亲友启事》,称由于四川巴县"路远力绵",难以将邹容灵柩运回四川,已择日安葬在上海,但并不说明下葬地点。刘三(1878—1938年),上海华泾人。原名钟龢,字季平,自署"江南刘三",早年赴日本留学,先入成城学校习陆军,后入士官学校,习骑兵,加入兴中会。1903年回国,任浙江陆军学堂教官,次年,在家乡创办丽泽学院,当他得知邹容的灵柩处理遇上许多难题时,就偷偷将棺木运到自己家乡埋葬了。

蔡锷像

蔡锷(1882—1916年),字松坡,湖南邵阳人。1898年入长沙时务学堂,师事谭嗣同、梁启超。戊戌变法后来上海就读于南洋公学(今上海交通大学的前身),次年赴日本,1904年回国后,先后在赣、湘、桂、滇等地训练新军,武昌起义时,在滇举兵响应,被推为都督。"二次革命"时暗中派兵讨伐袁世凯,后被袁世凯调到北京,明加笼络,暗中监视,不久就潜逃出北京。后因病赴日就医,在日本福冈大学医院逝世。1916年12月4日,蔡锷的灵柩从日本运抵上海,就暂厝在蜀商公所内,公所也会蔡锷设灵堂。12月17日,蔡锷灵柩在兵舰的护送下,由"利川"轮运回湖南。

何秉彝(1902—1925年),四川彭县(今彭州)人,字念慈。中国共产党党员。1924年入上海大同中学,后转入上海大学社会系,曾任中国共产主义青年团上海地委组织主任,1925年爆发的五卅运动中被巡捕开枪杀害。他的遗体也由蜀商公所处理,并帮助运回四川老家。

民国九年(1920年)商务印书馆编印《上海商业名录》中记:"蜀商公所,闸北横浜路底(靶子场相近)。""靶子场"为今鲁迅公园的一部分,鲁迅公园最初的名称就是"靶子场公园"。解放后,公所暂厝的棺木除亲属认领外,其余由上海市民政局统一埋葬,所址一度作为派出所,后改为华联药厂,1956年公私合营后改为上海第十二制药厂,原大门为花园路5号,后又改开到西江湾路378弄隔壁。今已拆除,旧址相当于今地铁8号线的虹口足球场站。

商船会馆

1990年,沙船和白玉兰同时被评为上海市的市标和市花,上海人又重新认识了已消失多年的沙船,关于沙船的话题也逐渐多了。沙船是一种平底浅船,通常为五帆,可载货物一千至三千石(石音 dàn,中国古代计算重量单位,各地的衡制不统一,一石一般在一百二十至一百六十斤之间),适宜于近海北洋和长江航运。关于沙船名称的来历说法不一,但均与"沙"有关。上海位于长江口的南岸,千万年来,滔滔长江东流而下,注入大海,受海洋潮汐的影响,长江在进入长江口后水流和水速发生变化,江水中夹带的泥沙沉淀下来,形成一个个暗滩,日积月累,一些暗滩露出水面而成为沙岛,江南一带就把这种暗滩、沙岛均称之"沙"。清代,长江口被称之"沙"的地名数以百计,如今崇明岛旧时就称之崇明沙,长兴岛、横沙岛称之长兴沙、横沙等。一种说法以为,沙船最早系崇明沙制造和使用的船只,于是称之"沙船";还有一种说法以为,沙船是上海在北洋贸易时使用的船只,满载货物的沙船北上,但返回时无货南下,于是就装运黄沙,一方面用来压舱,避免船在海上航行中倾覆,另一方面,运抵上海的黄沙可作为建筑材料。但此说似不准确,因为古代上海与北洋贸易中,往往是北方的货源充足,不会出现空船而返的现象。《天工开物》则以为,北洋海面多浅滩,浅滩中又有许多夹沟,这种船可穿越于沙洪夹沟之中,于是被叫做"沙船"。

说到沙船,人们往往会与宋末元初崇明人朱清、嘉定(今上海浦东新区高桥一带)人张瑄联系起来,此见于元末明初人陶宗仪《南村辍耕录·卷五·朱张》的记录:"宋季年,群亡赖子相聚,乘舟抄掠海上。朱清、张瑄最为雄长,阴部曲曹伍之。当时海滨沙民富家以为苦,崇明镇特甚。清尝佣杨氏,夜杀杨氏,盗妻子货物。若捕急,辄引舟东行,三日夜,得沙门岛,又东北,过高句丽水口,见文登、夷维诸山,又北,见燕山与碣石。往来者风与鬼,影迹不可得。"宋末,在长江口的海面上活跃着不少海盗,其中朱清、张瑄的一支势力最大,一旦遇上官兵,他们驾沙船北上,一直到山东辽左,官兵们奈何不了他们。当元灭宋后,朱清、张瑄被元朝招降,元朝建都大都(今北京市),他们要把从南宋王朝掠夺的财富珍宝、档案文件运往北方,朱清、张瑄负责海上运输。为了解决北方粮食不足的困惑,元王朝决定把从江南征收的实物税,就是直接征收的粮食运往北方,这是规模空前的"南粮北调"工程,古代运输以水运为主,这种粮食运输称之"漕运",被运的"皇粮"称之"漕米";中国的地势呈明显地西高东低趋势,大的河流大多是由西向东流的,即使有赣江、湘江等南北走向的大河,但大多是不通航或半通航的,南北水运主要依靠人工开凿的大运河。由于南宋时中国被分隔为南北两个政权,大运河航运大部分终止,治理工程也基本中止,使河道淤塞

严重,通航能力极低,《南村辍耕录》接着讲:

> (朱清、张瑄)二人者,从宰相入见,授金符千户。时方挽漕东南供京师,运河隘浅,不容大舟,不能百里。五十里辄为堰潴水,又绝江淮……二人者建言海漕事,试之,良便。至元十九年也。上方注意向之。初,年不过百万石,后乃至三百万石。父子致位宰相……

由于大运河淤塞严重,江南的漕粮不能及时运抵北方,于是,朱清、张瑄建议,漕运改运河运输为沙船海运,年运输量达到 300 万石,解决了"南粮北调"的困难,他俩的地位几乎与宰相相近。沙船海运是从元至元十九年(1282 年)开始的,上海也承担部分漕运任务,也是沙船从长江进入海洋的必经之路,十年后,即至元二十九年(1292 年)上海由上海镇升为上海县,当然与沙船海运有一定的关系。

元末的农民起义中,朱元璋捷足先登,抢先做了大明王朝的开国皇帝,引起了其他农民军的反对和反抗,于是朱元璋又调集精兵强将,镇压反对他做皇帝的农民军,被击溃的农民军被迫转移至边境和沿海岛屿,成了流寇海盗。为了围困和镇压逃入海岛的农民军,朱元璋颁布了十分严厉的"海禁"令,就是严禁在近海开展航运和贸易,甚至规定部分地区的百姓搬离到内陆,禁止渔民出海捕捞,"海禁"令几乎贯穿了整个明朝,虽有时松动,但以禁为主。清兵入关后,旧明朝大臣拥戴唐王朱聿键南下福州建立南明隆武王朝,并派遣水师从近海骚扰清朝，清廷又实行比明朝更加严厉的"海禁"政策。从明朝开始，中国在元朝出现的近海航运业衰落了，许多以近海航运、贸易为生的船帮大多下南洋，走东洋，这也是中国历史上第一次向海外大移民。

　　清康熙二十二年（1683年），清军收复台湾，郑成功之子郑克塽投降，标志中国沿海反清武装被全部肃清。两年后，康熙皇帝下"弛海禁"令，结束了中国长达三百年的近海禁运政策，包括上海在内的近海港口逐渐中兴。为了加强海上航运管理和贸易征税，康熙中期，又分别在沿海的广东、福建、浙江、江苏设立粤、闽、浙、江海关，史称"四大海关"，这也是中国设海关之始，江苏海关简称"江海关"，设在上海"县治东北五里面浦"，就是离上海县衙门东北五里，面临黄浦的地方，就是今天的"新开河外滩"。旧址已埋没，无遗迹可寻，可以参阅本丛书的相关篇目。

　　上海位于长江口的南岸，属于"南洋"的最北端，是连接南、北洋的重要港口城市。地理环境决定了上海在航运上的优势和地位，它不仅是中国近海南北航运的枢纽，还是贸易的集散地。当康熙二十四年（1685年）开放海禁后，仅几年后上海港就中兴了。上海的码头集中在上海城小东门至小南门的黄浦江边，在上海城外东南形成了新的经济区和人口集中区，也是上海繁华之地，清乾隆时上海人施润有诗云：

　　一城烟火半东南，粉壁红楼树色参。
　　美酒羹肴常夜五，华灯歌舞最春三。

这莺歌燕舞的人群中,有许多就是走北洋航运和贸易的沙船商人。

上海人民出版社出版的《上海碑刻资料选辑》中收有清光绪十八年(1892年)《重修商船会馆碑记》,全文较长,摘录部分:

> 吾邑商船会馆,崇奉天后圣母,其大殿、戏台创建于康熙五十四年,洎乾隆二十九年,重加修葺。添造南北两厅,祀福山大尉褚大神于北厅,祀成山骠骑将军滕大神于南厅。嘉庆十九年,锡金同人铸钟鼎,崇明同人建两面看楼。后于道光二十四年,众号商建造拜厅、钟鼓楼,及后厅内台等所,盖极缔造之巨观矣……斯馆于同治元年,西兵驻防于此,撤防后,制造局又僦居于内,阅五年迁出,殿、厅圮毁。七年,众号商集资兴修。开工之时,沈君主馆务,工竣日,则由郁君经理焉……至光绪十六年庚寅七月,飓风大作,戏台、头亭渗漏,估匠重修……十七年辛卯三月,复筹款修理大殿与南北两厅、钟鼓楼、南北看楼,及后墙等处……

该碑文几乎就是一本"流水账",但基本上记录了上海商船会馆的主要信息。前面提到,明清时期中国长期实行"海禁"政策,一直到清康熙二十四年(1685年)才解除海禁,而仅过了三十年,上海的沙船商就建立了商船会馆,从现有的资料来看,它是上海出现的第一家同业公所。

众所周知,豆腐是中国人最先发明的,豆制品也是中国副食品中最大的门类之一,消耗量很大。东北是中国大豆的主产区,从东北将大豆运到南方是十分艰难的。当海禁开放后,东北的大豆可以运抵辽宁靠海的营口等地,再通过沙船运抵上海,分销到全国各地。大豆的运输量很大,而沙船几乎承揽了东北大豆的极大部分,海上航运的风险大,利润也很高,《光绪上海县续志》"商船会馆"条中提到:"浦东、西各置沙泥荡地,备商船出口取泥压载之用"。看来,由于东北南运的大豆量大,而上海北运的货物少,于是南运的沙船在上海卸货后,来不及等待就马上出港北上,空船容易倾覆,就用泥沙压舱。看来,上海人误以为沙船是从上海把泥沙运出去,才把它叫做"沙船"的,实际上,是有"沙船"之名在先,"取泥压舱"在后。

上海商船会馆,左侧是正殿,相对的是"酬神演剧"的戏台

由于明朝和清初实行海禁,漕运走运河航运,到了清中后期,运河淤塞严重,难以承担漕运重任。清道光初,江苏巡抚陶澍等奏请,江苏的漕运部分改为委托沙船商运,并在上海设江苏海运局,主管漕米的沙船商运。这对上海的沙船商来讲是特大喜讯,因为沙船运输南运的货物量大,北运的货物量少,沙船常常放空船北上,如今有了北运的漕米,就不必放空船了,使船的利用率提高,利润也大大提高。据说,清代沙船一年可以南北往返两趟,一条沙船的一年利润就可以再打造一艘船。据不完全统计,道光时上海有沙船约七千条以上,大的沙船商拥有沙船百艘以上,许多沙船商往往就是上海的首富。据记载,上海郁森盛号主人郁泰峰拥有沙船百余条,他也是上海商船会馆的总董。前文引《重修商船会馆碑记》中提到的"工竣日,则由郁君经理",这位"郁君"就是郁泰峰。1855年镇压小刀会时,上海城市遭严重破坏,郁家出资二十万两用于上海战争的善后,于是,郁家之富有"郁半城"之称。

进入近代以后,西方的火轮船驶进了上海。与火轮船相比,沙船是一种原始、落后的交通工具,尤其到了19世纪70年代后期,李鸿章指示下的轮船招商局成立。开始,李鸿章还同意留一半的漕运给沙船商,不久,又将全部的漕运归轮船招商局。火轮运输运量大,速度快,安全性高,运费低,使许多豆业商行也离弃沙船,改为火轮运输,上海的沙船业从此衰落。到了清末,基本消失。但是,沙船为上海港和上海城市的发展和进步所作贡献是不能被忘记的。

当然,随着沙船业的衰落,商船会馆的地位也下降了。商船会馆初建时的地址叫"马家厂",在稍早的上海市区地图中还能找到商船会馆,在董家渡渡口的西南方,这里有一条会馆码头街和与之交叉的会馆街,商船会馆的地址为会馆街37号。当然,这两条路均是以商船会

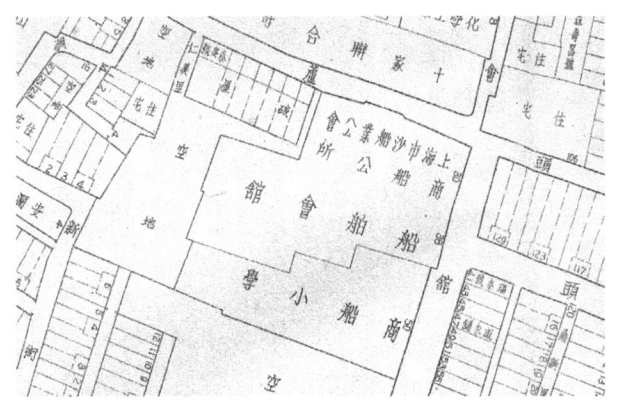

商船会馆旧址在南市会馆街30—38号

馆所在地而得名的。商船会馆在上海历史、文化上的地位毋庸置疑，并于1959年公布为上海市文物保护单位，但保护未得到落实。"文革"期间被街道工厂和居民占用，建筑毁坏殆尽，仅剩一空壳而已，且四周被新建的工房相围，已经没有伸展的空间。而如今，商船会馆原址已经被划入"外滩金融带"内，周边的建设正在如火如荼地进行中，建设部门希望将商船会馆迁址重建，而文物部门坚持原地保留。看来，二者难以协调，折中。如今，商船会馆的四周建筑全部被拆，仅剩下会馆建筑似一座破落的土地庙孤立在空旷的场地上，似乎是孤芳自赏，又似乎在等待人们的帮助。也许，过不了多久，这幢破烂的古建筑就自生自灭了，人们才会去思考，去争论——此谁之过也。

钱业公所和钱业会馆

《光绪上海县续志·卷三·会馆公所》：

钱业总公所在邑庙东园，即内园。前《志》所称"内园，钱业管者"。是钱业肇始于乾隆年间，而园实构于康熙四十八年，因钱业历任修葺之费，故即设公所于此。租界辟后，北市钱业兴，凡关于南、北市公共事件，恒于此会议。嗣南市另设钱业公所，而北市亦另设钱业会馆，遂以此为总公所。园基不甚

内园门头

广,而结构极精。前《志》:"台沼树石皆古雅",洵胜景也。屡经兵燹,建筑及岁修费皆南、北市钱业共同担负,管理亦由南北市钱业推举司年轮值。

所谓"钱业"就是中国古老的银行业、金融业,上海最早的钱业公所建立于清乾隆四十八年(1783年),公所租用城隍庙的内园,到了近代以后,上海县城北郊出现了租界,并形成"北市",于是原来的老城厢的传统市场称之"南市"。南市以传统的国内贸易为主,而北市则以对外贸易为主,性质和经营方式有较大的差异。于是南市另行组织南市钱业公所,北市另行组织北市钱业会馆,两市均承认原钱业公所的地位和指导权,于是它就成了"钱业总公所"。

上海是江南水乡,生活用燃料主要是农作物的废弃物,如花萁、稻草之类,城市燃料明显不足。据说,有绍兴商人将浙江生产的木炭运到上海,顷刻售完。有些上海人为能买到木炭,干脆把现钱先交给木炭商,到货后才提货。由于有了足够的资金,木炭商一次贩运的木炭量很大,也使其成为富商。木炭商也从中悟出了一个道理,通过放贷可以直接用钱生钱,于是他又在上海开了钱庄,这也是上海最早出现的钱庄。

中国是"银本位制"国家,以白银为货币,白银价贵,小额使用不方便,又以铜钱为辅币。清康熙、乾隆时,一两纹银约可兑铜钱1 200文。白银称重计价,以"两"为单位,白银当货币使用时称之"银两",大宗贸易以"银两"结算。但白银在流通时也有许多难题,首先就是成色。通常规定纹银的成色为含银量96%以上,但即使有经验的人也难以识别纹银的成色,成色误差5％是不稀奇的事。为了确保贸易的公正和公平,上海的钱庄业就联合组织钱业公所,规范经营。早在中国的明朝,西班牙统治墨西哥时期利用当地银矿铸成银币,银币的一面是西班牙国王头像,另一面是宝剑。当西班牙占领吕宋(西班牙人以西班牙国王菲利普二世命名为Philippines,即菲律宾)后,西班牙银元进入南洋诸国。约明末清初,这种银元又通过中国与南洋贸易进入中国的广东、福建。当中国解弛海禁后,又通过广东、福建商船进入上海,中国人称之"番银"、"鬼头洋"(中国南方人称外国人为番鬼、鬼子)、剑洋等名。进口的银洋有固定的重量、成色、图案,无法仿制假冒,于是上海最大的市场——豆业及钱业约定,上海贸易统一使用西班牙银元结算,于是西班牙银元又被叫做"本洋",即结算的本位之义。当然,为了避免交易中的货币重复支付产生的货币差,钱业规定了转账、提现之类的制度,其为上海贸易健康发展起了很大的作用。

上海钱庄发行的小额兑换券

钱业公所长期设在内园(今为豫园内园,对外开放),今内园内还保存了钱业公所的各种碑记,其中一块刻于清道光二十一年(1841年)闰三月二十二日的《上海县规定拾取庄号往来银票者即行送还听凭照议酬谢毋许争多论少告示碑》特别有意思,不妨全文抄录如下:

钦加州衔江苏松江府上海县正堂加十级纪录十次曾,为环求谕示勒石事:据监生徐渭仁、职员黄必振、戚椿、叶永临,监生陈銮、李煦禀称:生等在治钱庄生意,或买卖豆、麦、花、布,皆凭银票往来,或到期转换,或收划银钱。庄伙偶有遗失,当即知会票根,写贴招纸,悬格酬谢。往往为人拾取拗出,好事之徒,强为顶认,致成讼端。今议:遗失票银千两,有人拾取送还,酬谢银十两,视票

《申江胜景图》绘上海城隍庙内园

银多少增减。环求谕示勒石等情到县,据此。合行示谕。为此示仰阖邑军民人等知悉:嗣后如有拾取庄号往来银票,即行送还,听凭照议酬谢,毋许争多论少,致起讼端。倘敢故违,许即禀县,以凭饬提拾票之人,从严惩治,决不宽贷。各宜凛遵毋违!特示,遵。

道光二十一年闰三月二十二日示

钱庄票号开出的转账、现金支票是"认票不认人"的,任何人可以凭票要求兑现。而实际上,许多商号与钱庄之间有专人跑账,钱庄是知道所开出的票据是由谁来办理的,所以实际操作是"认票又认人"的。票据丢失是十分麻烦的事,而拾到票据的人也可能要求钱庄兑现,于是诉讼不断。地方政府把告示刻成碑就是地方法规,该法规规定,拾到银票的人应该主动把银票归还失主,而失主必须拿出相当于票据数额的百分之一作为酬谢。我想,拾金不昧是崇高品德,但在实际生活中,能主动拾金不昧者是极少的,规定拾到东西归还失主,失主应该酬谢,这既有利于人们拾金不昧,也有利于惩戒粗心大意者。

《光绪上海县志》说:

南市钱业公所,在里施家弄。光绪九年,购屋设立。三十一年,翻建平厅、对照、厢屋,前面楼房厅,额曰"集庆堂"。又,钱行在豆市街东济阳里,为汇划同业,每日早、午两市,交通母财,计议子息之机关。

原来的钱业公所在城里城隍庙内园。上海是港口,码头和市场则在东门外与黄浦江之间,中间相距几里路,对商界和钱业来讲,交易十分不便。于是,钱业公所在光绪九年(1883年)在离市场较近的里施家弄和豆市街另设南市钱业公所和钱行。南市的钱业较多地保持传统钱庄业的制度和工作方法,而北市的钱业已逐步向西方的银行靠拢,大概到了民国初期,南市钱业公所和钱行就销声匿迹,知道的人不多了。

《光绪上海县志》:

> 沪北钱业会馆,在二十五保一图公共租界铁马路。光绪十四年公建。钱市向在沪南,租界既辟,商贾云集,贸迁有无,咸恃钱业为灌输。于是始分南、北两市,而会议、同业规则,及地方公益、筹助赈济等事,则恒以邑庙内园为总公所。迨北市营业愈广,事务亦愈繁,同业为便利计,遂输助款项,赳日观成。计糜建筑费十

沪北钱业会馆

余万金,占地十六亩有奇,峻宇崇墉,巍然在望,诚巨观也。

北市的钱业的经营方式不断向银行靠拢,不过,与银行相比较,钱庄的资本较小,经营范围较窄,所以,钱业往往就是银行的附庸,或是银行的代办处。虽然,北市的钱业已经受西方文化的熏陶,但仍免不了俗,会馆建筑基本上就是中国传统建筑。中国的各行各业都有自己的行业神、祖师爷,不过,设在城隍庙内园的钱业总公所供的并不是自己的行业神,而是上海城隍秦裕伯,那可能是公所借用了城隍庙的房子。沪北钱业会馆也供有行业神,据说是关公,每逢节日,会馆须"酬神演剧",就是演戏给神看,实际上当然是演给活人看的,于是会馆的大厅天井里建了一大一小两座戏台。钱业会馆在会馆里办了钱业中学,解放后改称塘沽中学。1976年,塘沽中学扩建校舍,这两座戏台就成了累赘,于是由上海市文物管理委员会出面,将一座搬迁到嘉定汇龙潭公园内,成了公园的一大景观;另一座无处可去,只能搬到豫园内园的边角上。这座北市钱业会馆为与南市钱业抗衡而建造的豪华戏台,过了一百年后又被移到了南市的钱业公所,一时传为佳话。1988年,我协助陈从周先生参与豫园东部重建。为了充分利用空间,发挥古戏台的作用,又对那座戏台进行大修和环境设计,由陈从周弟子蔡达峰主持。如今,内园古戏台还定期演出,成为上海又一新的景观。

昙花一现的汇号公所

汇兑(exchange)是银行重要业务之一,顾客为实现异地间的收付,委托银行或其他金融机构,以汇票或其他方式收付,省去现金支付的麻烦和费用。经营汇兑,或以经营汇兑业务为主的银行称之汇兑银行(exchange bank),不过,一般不会在行名上加"汇兑"二字。汇兑银行开出的汇款票据称"汇票"(draft),汇票的关系人有发票人、付款人、收款人三项。汇票通常在商业交易中发生,由售货人对购货人或其委托的银行开发,经购货人或其委托的银行在票上签章承诺,承认于汇票到期日付款给持票人。

汇兑银行在中国出现之前,承担商业汇兑的机构称之"票号",又称"票庄"、"汇兑庄",于是,其开出的汇票就称之"庄票",早期大多为山西人经营,于是又称之"山西票号"。清同治以后,上海的票号也有江浙商人经营,被称之"南帮票号"。中国票号的起源已难以讲清,一般认为始于明末,盛于清中叶。早期以经营汇兑业务为主,以后兼办存款放款业务,主要为官僚、大地主服务。在太平天国运动期间及以后的一段时期,由于战争频繁使清政府资金流通量加剧,地方的征税必须及时解押至北京,中央政府调拨的军饷必须及时拨到军队,于是票号的主要业务就集中到代办官款的存放、借垫。在某种程度上讲,山西票号起着经理国库的作用。设在上海的江海关是征税量极大的政府机构,在太平天国期间,其征收的税款大部分拨给围攻南京太平天国的"江南"和"江北"大营。1860年以后,清廷招募"洋枪队"镇压太平军,有更多的军饷需要调拨,解饷的业务量十分庞大,于是不少山西票号就直接在上海设立票号,使"山西票号"在上海有极高的知名度。汇款是商业贸易货款收付的重要手段,到同治、光绪年间,上海已经是中国最主要的商埠,货款的流动量十分庞大,于是山西票号进入上海后又开始经营汇兑业务。刻于光绪六年(1880年)的《新建汇号公所碑》中讲:

> 申江为中外交易地,繁盛甲天下。汇业历有年所矣。光绪二年丙子春,赁有宝善街北路东(下缺)神诞筵会,及一切巨细事,皆谐此聚议。唯逼近阛阓,喧嚣齐集,亦形湫隘,屡欲别寻一区,殊未易得雅静地,今于洋泾浜第二十五保头图英租界徐氏花园一所。计地(下缺)壹万壹千两,改创公所。前厅供奉关圣帝君、火德星君、增福财神、天后圣母、金(下缺)神灵乎。后厅则明窗净几,壮丽宏敞,筵会聚议……

山西票号进入上海已有点年份了,但一直到光绪二年(1876年),票号同人们才酿资租用英租界宝善街(今河南中路西、福建中路东的那段广东路旧称宝善街)北租用民宅建立了一个同人祭神、聚会的场所。不过这地方位于闹市,地方狭小,于是在光绪六年(1880年),票号同人又买进了一块位于"洋泾浜第二十五保头图英租界内徐氏花园",在这里正式建立了"汇号公所"。"洋泾浜"是一条河流,1914—1916年填浜筑路,相当于今天的延安东路。1845年英租界在洋泾浜的北岸建立,1849年,法租界在洋泾浜南岸建立,于是洋泾浜就成了上海英、法租界的界河。在相当长的一段时期里,"洋泾浜"常作为上海租界的代名词使用,如上海租界里使用一种以上海话为母语,中间夹杂着一些英语词汇的语言就称之"洋泾浜语"或"洋泾浜英语"。清代,上海有两处徐园,一处是海宁丝业巨商徐棣三(鸿达)的"双清别墅",在闸北唐家弄,

汇业公所大殿

具体位置在今天潼路福建北路一带。《光绪上海县续志》中记,该园建于光绪九年(1883年),显然,汇号公所并不是建在这个徐园上。另一个徐园叫"未园",是粤东富商徐润(雨之)的私家花园,又称"徐园"、"徐氏未园"等。《上海通志馆期刊》第1期载席涤尘《吴淞铁路交涉》一文中说:"1876年10月18日,沪道冯竣光约同英领事,在徐家花园会商暂行火车保护章程"。又说:"1880年下半年,工部局将自苏州河浜起,到徐家花园止的一段路基,划进路线,以延长北河南路。"1887年出版葛元煦《沪游杂记》表述得更清楚:"粤东徐君雨之于二摆渡河北构一园,名曰'未园'。地虽不广,别具匠心。不数年售于山西票业中,作为公所。"古代,吴淞江(苏州河)上没有桥梁,过渡依赖摆渡,第一个摆渡口即"头摆渡",又称"外摆渡"。在沪方言中,"摆"与"白"谐音,又讹作"外白渡",址在今外白渡桥附近。第二个摆渡口即"二摆渡",在今苏州河河南路桥附近。徐润的"未园"就在"二摆渡"的北面。1880年,工部局要拓宽、延长北河南路,徐氏未园被征用动迁而拆了,而山西票号就买进了徐氏未园废址,在这里建了"汇号公所"。免去复杂、繁琐的考证,在一份清光绪戊戌(1898年)出版的《新绘上海城厢租界全图》中标有"汇业公所",具体位置在今

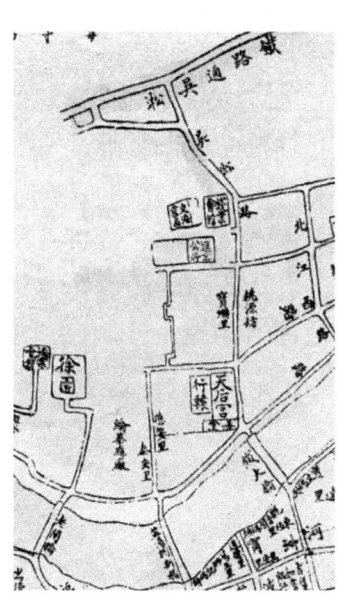

1898年《新绘上海城厢租界全图》,汇业公所与沪北钱业会馆隔七浦河相望

河南北路与七浦路相交处的西北转角,大门朝南开在七浦路上,后墙与沪北钱业会馆隔塘沽路相对,今天,当地人把这里叫做"小花园",而这里并没有花园或绿地,这是否就是当年徐氏未园留下的痕迹呢?我想是的。

汇号公所是实力雄厚、建筑宏伟的公所之一,但《光绪上海县续志》中并没有收录。根据惯例,地方志一般收录编纂下限(即截止期)尚存在的机构,据此判断,上海的汇号公所在光绪末年就结束了。结束的原因,一般认为,山西票号主要业务就是代理清政府的解饷。1896年,盛宣怀在上海创办中国人自办的第一家银行——招商银行。1904年清廷户部奏定《试办银行章程》,次年,大清户部银行正式成立(1908年改组为大清银行,清帝逊位后改组为中国银行,即今中国银行的前身)。1908年,清廷邮传部奏准建立交通银行,根据《银行条例》,该行为特许银行,拥有经理国库之特权,在中国完全意义上的中央银行出现之前,它实际上就是国家的"央行"。当然,清末还有更多的商业银行出现,而许多银行也是"汇兑银行",其组织结构严密,经营规范,资本雄厚。仍以传统方法经营的山西票号难以在上海这个资本主义化的市场经营下去,于是纷纷关闭,这个汇号公所也解体了。

豆市街与饼豆业公所萃秀堂

豆腐是中国人发明的,用大豆磨成浆制作的豆腐以及各种豆制品是中国百姓饭桌上主要的副食品。中国的大豆消耗量很大,大豆的主产地在中国的北方,东北是大豆的主要主产地。古代,规模性的运输以船运为主,从东北到关内没有可资航运的水道,于是从元代开始,东北的大豆一般先运抵辽左的沿海,再由海运经渤海湾到山东,或从辽左直接运到上海,再分销到各地。明初,朱元璋实行近海禁运的政策,这个政策几乎延续整个明朝至清初,时禁时弛,以禁为主。一直到清康熙二十二年(1683年),清军收复台湾,标志沿海反清武装被全部肃清。两年后,康熙皇帝颁"弛海禁"令,于是东北的大豆大量由上海的沙船,山东的卫船运抵上海,一直到清末民初,大豆,以及由大豆压榨的豆油,生产豆油余下的豆饼就成了上海海运和贸易的大宗商品。今天,大东门外近黄浦江处还有一条叫"豆市街"的小路,这里曾是上海的大豆市场,而近南浦大桥处有一条叫"油车码头街",所谓"油车"就是古代的榨油设备,这里则是以集中了许多的油车坊而得名。1906年刊印《沪江商业市景词》中咏：

豆麦行

纷纷豆麦巨行开，或备沙船递往来。
市大货多装运广，几家首创已多财。

豆油行

豆油最好是牛庄，来往船多转运忙。
篓重肩扛频上栈，按期发卖遍遐方。

沙船号

专备沙船各货装，帆樯衔尾往来忙。
分途编号轮流放，赢得资财未可量。

豆饼行

重重豆饼似盘圆，来自牛庄夹板船。
销售各方供兽食，或充肥料广培田。

油　市

豆油市大广消场，屯塌人多进出忙。
几日牛庄船不到，栈房货少价轩昂。

上海的豆市街是上海乃至全国最大的豆类及豆类制品市场，左右豆类的价格。今天，粮食类商品大多称重计价，而在以前，大多斛量，根据容积计算。集贸市场是使用一种叫做"斛"的量具来称量的，斛的形制可以是圆状的，也可以是方形的。上海市场使用的斛大多为八边形，像两只"升"相合而成，清代，一斛为五斗，一斗为十升。斛是量器，必须有一个统一的标准，否则就会出现短斤缺两，坑害他人的行为。明末元初陶宗仪《南村辍耕录·卷七·斛铭》中讲了一

《图画日报》绘"做斛子"

个元朝上海人费粲的故事，他轻财好施，勇于为义，人们尊称他为"费佛子"。每逢荒年，他就会将粮食借给乡民，不收利息，他家出借和收回的粮食使用同一只斛，这只斛上还刻有"出以是，入以是，子孙永如是"。使用同一只斛，当然就不会出现"大斗进，小斗出"的欺骗或剥削行为。但集贸市场不可能只使用一只斛，各商行使用自己的斛，买家心里也有自己的秤，也会备有自己的斛。为了贸易的公开、公正、公平，斛的大小必须一致，必须有一个标准。据《上海豆业公所萃秀堂纪略·公所之创建》中说：

上海豆业行商由来旧矣。前清嘉庆十八年,奉本县知某颁发公斛,即今俗称庙斛(庙斛即铁皮公斛,大小与漕斛同),谕令同业牙行,遵照制造,各备应用,以公买卖。由是,同业公议,以所颁公斛,保存公所,奉以为母。同业遵照制造行用之斛,按季会校,以昭信守,相传至今,未尝改此准则也。

据记载,在所谓的"公斛"制度建立之前,由于没有严格的检查制度,各商家自用自己的斛来称量粮食,有的商家为了达到"大斗进,小斗出"

《图画日报》绘"萃秀堂"

的目的,买进卖出使用不同的斛。更有甚者,有的商家故意在斛内打上"补丁",使一斛的粮食达不到实际数量,于是由粮食称量引发的冲突、械斗不断。一直到清嘉庆十八年(1813年),才由同业联名向上海知县禀告,随即就由知县出面,根据漕运中使用的斛确定上海豆业的标准斛。标准斛后来被供在公所的大殿里,于是被叫做"庙斛",并规定,集市交易的斛必须由指定的单位,根据"庙斛"的尺寸制作。为了防止商家改变斛的大小,当然也为使斛更牢固,在斛的周边用铁皮固定,于是又被叫做"铁皮公斛"。当然,行业又定期对各商行使用的斛进行检查,确保贸易的公平。

《光绪上海县续志·卷三·会馆公所》:

> 萃秀堂,在邑庙豫园,为油豆饼业公所,即前志所称"以萃秀堂为东园者",是道光间承作公所。咸丰三年,匪乱遭损。十年,驻西兵后残毁尤甚。同治七年,承量管业,基十亩七分五厘三毫。复大加修葺。当时禀县,给谕勒石,以萃秀堂为二十一业之领袖。

《豆业公所之创建》中也提到:"道光间,邑庙之后园(即豫园)地址广大,阒无人居,年久失修,荒无倾圮。东、西房羽士不愿募捐修葺,邑令乃招商承修,谕令各业管理为公所会议之处。豆业商行承修正厅(即三穗堂)、萃秀堂等处(后数年价买可乐轩、万花楼址一部分),及东园门游廊、超然亭。豆业公所自此始也。"豫园原是明朝潘允端的私家花园,初建时占地六十余亩,与上海城隍庙相邻。明末,潘家衰落,清初又遭改朝换代,潘家后代开始变卖祖产。上海地方政府和绅士们不甘心豫园被破坏,就集资把尚未出卖的豫园买了下来,并组成一个董事会掌管豫园产业。而董事会又无法直接参与管理,又把豫园委托城隍庙道士管理。因城隍庙已有一个内园,在庙东而称之"东园",于是原豫园就称城隍庙西园。经历了百余年后,豫园的建筑早已破败不堪,而道士们又不肯出钱修理,到了道光年间,又是上海商业发展得较好的时期,许多同业公所正愁找不到合适的房子作为自己的会所。于是由上海地方政府出面,收回西园的产业,由公所租用,并由公所负责修缮。上海豆业公所租用了原豫园的萃秀堂、三穗堂、仰山堂等处,总占地面积10.7亩余。豆业行自己也认为,他们的公所正式成立日期是从道光时迁入萃秀堂算起的。

萃秀堂正殿面对豫园大假山

今豫园内还有一幢叫"神尺堂"的亭式建筑,与萃秀堂相邻,是豆业迁入萃秀堂后建造的。墙体上还嵌有一块刻于道光二十三年(1843年)的《饼豆业建神尺堂碑》,碑中讲,神尺堂"经始于道光壬寅(1842

年)秋十一月,迄癸卯(1843年)十月竣工","爰署其堂曰'神尺',取咫尺明神之义",也就是讲,这个堂与城隍神近在咫尺,为人做生意要凭良心,城隍老爷就在这里监视着你呢!该碑文还说:

> 繄维上海为阜通货贿之区,其最饶衍者莫如豆。由沙船运诸辽左山东,江南北之民,倚以生活。磨之为油,压之为饼,屑之为菽乳,用宏而利溥,率取给于上海。其积贮贩卖之所,名之曰"行",诸同人皆良贾而业于豆者。方今天子柔远以德,海甸乂安,廛市日当。诸同人能世守其业,以礼义事神明、谐众志,冥冥中之阴相,宜何如哉!则斯堂与邑庙当并垂永久。

如此看来,上海的饼豆业并无自己的行业神、祖师爷,而就把上海城隍神作为自己的保佑神,这在上海的同业公所中也是颇别致、颇特殊的。

《光绪上海县续志》中还讲:

> 又,采菽堂,俗呼豆市,在豆市街万瑞弄,为同业与号商论市交易之所。从前租用市房,光绪七年,购屋改建,对照厅六间。

萃秀堂是豆业的同业公所机关所在地,而豆业的市场在大东门外豆市街。汉字的"豆"在甲骨文中写做荳、豆等,古代有一种盛食物用的器具就叫"豆",有点像带高座的盘。《说文解字》:"尗,豆也,象尗豆生之形也。"朱骏声《说文通训定声》:"古谓之尗,汉谓之豆,今字作菽"。尗的

战国文字写做 㪜，李时珍《本草纲目》释："篆文尗，象荚生附茎下垂之形；豆，象子在荚中之形"。也就是讲，尗的古字的下半部像植物的根，而上半部像豆类植物硕果累累的样子。《诗经·小雅·采菽》中的"采菽"就是摘豆子。大概到了汉代，"尗"与"豆"就混用了。在萃秀堂的饼豆业公所建立之前，在豆市街就有一幢"采菽堂"，这是上海饼豆业的交易所，它实际上就是饼豆业公所的前身。

  1912 年中华民国成立后，规定各城市的同业组织同业公会，上海的豆业和米业成立上海豆米行商同业公会，原来的饼豆业公所虽未遣散，但其地位和作用明显不如以前；1921 年 2 月 12 日，上海杂粮油饼交易所在法租界爱多亚路（今延安东路 17 号）挂牌成立，于是豆类等杂粮的现货交易规定每天上午在豆市街进行，而期货交易则是于每天下午在爱多亚路交易所进行。实际上，期货交易量远远高于现货交易。到 1937 年抗日战争爆发后，豆市街遭日军轰炸，破坏严重，这里的豆市基本结束。

茶叶业同业公所

婺源是唐朝设置的县，以婺水绕城三面而得名。清代至民国初，婺源隶属安徽省徽州府，1934年划归江西省，是中国茶叶的主要产区之一。婺源茶商在上海的同业公所称之"星江茶业公所敦梓堂"，据说，绕婺源的河流叫"婺水"，古代的星相学认为地上的婺水对应的星就是婺女星，于是该河称"婺水"，又称"星江"，而"敦梓"就是"同乡和睦"之义。1926年刊印的《星江敦梓堂征信录》中收有《星江茶业公所敦梓堂略历》，说：

> 按我婺为采茶最优之区，曩昔由原籍制成茶箱，运往广东销售，习惯相沿，历年已久。厥后海禁大开，上海辟为通商大埠，我婺茶叶遂亦运沪销售，久之，茶商、洋行均舍广而就沪。前清咸同间，到沪茶商或因货样不合，或因中途受潮，即于沪上设栈，以改制之。工匠参居，传习无所，于是，群相计议，集资设立敦梓堂公所，以联乡情而资研究。

从上海出口的茶叶

在鸦片战争以前,中国只开放广州口岸,中国的对外贸易和外国的对华贸易只能在广州一地进行。安徽产的茶叶一般先集中运抵江西的鄱阳湖,再船运走赣江运到樟树或吉安。赣江吉安以南的那段是不通航的,于是只能通过人力翻山越岭,运到广州,运输周期长,成本高,而江西与广东交界处又是土匪的活动区,货品一旦遭劫,那损失就更惨重了。所以当1843年上海开埠后,安徽商人和洋行就逐渐放弃广州,到上海贸易。茶叶是极容易受潮霉变的商品,茶叶运到上海后必须开箱检查,受潮或霉变的茶叶必须立即加工处理,于是婺源的茶商就在上海建立茶栈,后来茶栈又集资成立敦梓堂公所。但他们供的不是茶神,而是朱熹,也足见朱熹在安徽人心目中的地位。

据《星江敦梓堂条规》第二条:"本堂以研究茶业制法,联络同乡感情而设",显然是一家以婺源茶商为主的同乡、同业团体。公所的地址几经变换,最后固定南门外的糖坊弄,如今已找不到遗迹。

《光绪上海县续志·卷三·会馆公所》：

> 茶业会馆，在二十五保二图公共租界中旺弄。初在半段泾，咸丰五年，与丝业合组，称"丝茶公所"。十年，借驻西兵，撤防后屋宇毁损，重行修葺。同治六年，巡道应宝时拟办普育堂，丝茶商李振玉等以屋地捐助，而移办事处于北郭石路。九年，始建于此。

"半段泾"是上海城内的一条河流，1906年被填平，即今蓬莱路的一部分，应宝时建的普育堂在今西门内文庙正门的对面，它的正门则开在蓬莱路上，今蓬莱路303弄叫"普育里"，就是在普育堂旧址上建立而得名。

中旺弄就是今天的宁波路的旧名，同治九年(1870年)茶业会馆迁入的地方原是安徽茶商汪绍荣开设的汪乾记茶行。张德彝(1847—1918)，任兵部员外郎，1866年由政府派遣，从上海出发，访问欧洲多国，他这一段时期写的日记取名《航海述奇》由上海《申报》馆刊印，日记中讲他是"同治丙寅"(1866年)二月初三乘船抵达上海的，接着：

> 时有上海县差夫挑担行李，又有小轿四乘，彝等遂下船上轿，炮迎入馆。馆在上海县新北门外洋场西北盆汤弄乾记茶行。入内，登楼房，院窄而屋阔，四壁明净，画轴甚多。楼前有堂，堂中列梅花、佛手、桌椅、灯镜。前有玻璃罩棚，极其华丽壮观。晚饭，有南荸荠、鲜青梅、红橘、石榴、姜芽、春笋、甘蔗、枭菜、鲜鱼、虾蟹、苹果、梨、橙等物。是日，接见上海令黄宗濂、水利厅陈之燮，守府

清代福州路著名的青莲阁茶楼,旧址相当于今福州路390—392号的外文书店

丁仁麟,提右营北汛千总吴定江、本公馆房东运同衔汪绍荣等。

"盆汤弄"即今山西路。以前,在山西路的东侧有一条叫"乾记弄"的小路,北通宁波路,南通天津路,就是以这个"乾记茶行"而得名的。当时,上海城里的客栈设施很差,租界里虽有西洋旅馆、饭店,但清中央政府的官员又不宜住到租界里外国人开的旅馆里,于是上海政府就借用中国人的商行作为接待北京官员的"招待所",到了同治九年(1870年),这个茶叶会馆就设在乾记茶行里了。

旧时,人们喜欢以"茶楼酒肆鳞次栉比"来形容城市的繁华。古代,没有太多休闲娱乐活动方式,于是,品茗啜茶就成了人们休闲的重要方式之一。上海开埠后不久就成了"十里洋场",闲散的人多,茶馆业十分发展。上海的茶馆也分作多种形式,具规模的茶馆大多为楼房,称之"茶楼",是一般人士休闲的好去处。上海的不少同业也借茶楼作为"聚会处",在这里谈行情,做生意,有诗云:

> 茶楼步步斗新装,风雅题名器具良。
> 茗碗多佳群妓集,通宵灯烛耀辉煌。

有些茶楼实际上是烟店,设有吸烟室,如配有女子服务的就叫"花烟间",也有人作诗云:

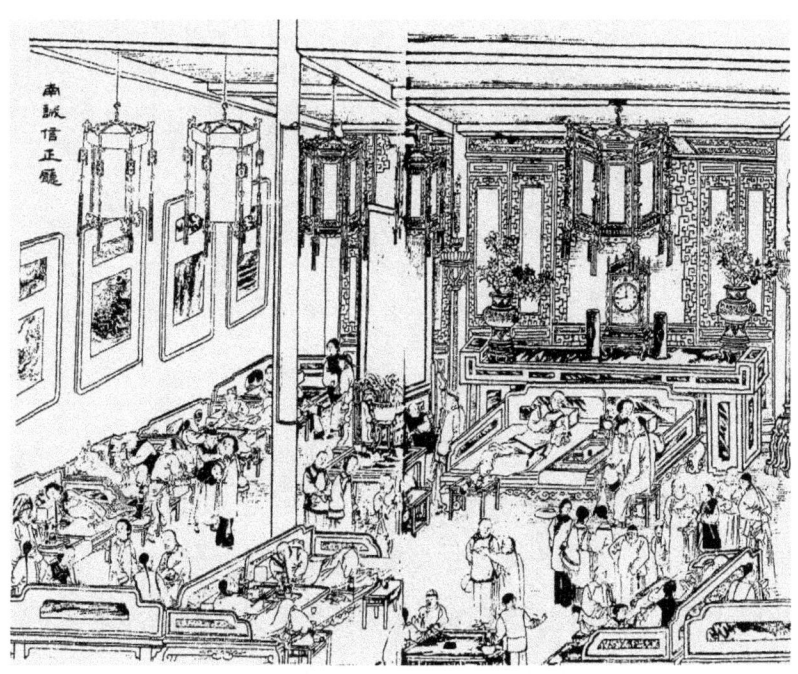

上海著名的花烟间

层楼杰阁斗奢华,半卖烟膏半卖茶。
此地生意何热闹,撩人最是座中花。

上海开埠后,有许多日本人来上海谋业,于是上海又有许多日本人开的"东洋茶馆"。与中国社会制度不同,日本女子可以就业,参加社会劳动,"东洋茶馆"最大的特点就是有东洋女人陪茶,只要有钱,茶客稍出轨也被视为平常事。也有人作诗云:

东洋茶馆即花丛,倭女陪人粉脸红。
学得苏腔三两语,青蚨数百度春风。

当然,上海还有许多广东茶馆,这里除了提供茶水处,还提供各式广东茶食、点心,也有人作诗云:

茶寮高敞粤人开,士女联翩结伴来。
糖果点心滋味美,笑谈终日满楼台。

谁也无法统计上海有多少茶馆,于是必须建立茶馆的同业组织,规范经营,平议商事,调解纠纷,排除恶意竞争。上海的茶馆业同业组织叫"先春公所"。茶叶是茶树的嫩叶,初春开始萌芽,清明前后即可采摘,且越早采摘的茶叶品质越佳,于是古人把茶叶称之"先春",也特指福建的一种春茶。如《茶谱》:"建州北苑先春龙焙,常州宜兴紫笋、阳羡

春。"《卢仝茶茶歌》:"先春抽出黄金芽"。《光绪上海县续志》:

> 先春公所,在孙家弄。同治初年,茶馆业方士贤等创设。光绪二十年,陈之桢等筹款改建。二十四年,禀县立案。三十年,禁烟令下,业董首倡同业之附设烟肆者,先期闭歇,巡道瑞澂给"彼岸先登"额。附设先春义务小学校。

《图画日报》绘"茶博士"

20世纪初,鸦片对人生理、心理上造成的伤害,以及对社会带来的危害逐渐被人们认识,在西方的科学家、社会学家的推动下,欧洲掀起了一股禁止鸦片贸易的浪潮。随之,中国也掀起了禁烟运动。先春公所接受政府号召,倡议同业关闭茶馆附设的烟馆,还得到上海道瑞澂的嘉奖。"孙家弄"今仍在,在大东门内,不过如今已找不到先春公所的任何遗迹了。

新发现的米业公所嘉谷堂碑

20世纪80年代初,我刚进上海市文物管理委员会,参加筹建上海历史文物陈列馆(即今上海市历史博物馆的前身)工作。一天,接到市民来电,说在大东门内复兴东路的拆房工地上,一幢房子被拆后,露出一块很大的石碑——《上海米业公所嘉谷堂碑》,碑很新,文字清晰可见。该碑刻于光绪二十年(1894年),碑文由上海著名绅士姚文枬撰文,著名书法家高邕(邕之)书写,可以称得上是一块好碑。后来我负责把碑运到我们的仓库里。碑文较长,抄录部分如下:

嘉谷堂在宝带内万军台下小穹窿侧,本米行公所。同治九年,舍以为米店公所,乃易今名。行者,谓行货;曰商店,则居货曰贾也。吾邑称木棉地,产米不多。顾目五洲互市,人烟繁盛冠各埠,第就治所萃处计之,月需食米殆十六万石。邑本江海要津,帆樯转输,云屯蚁集,遂为市货一大宗。今岁粮价奇昂,各路遏粜,人心震动。沪关禁米出海,捕治偷贩,官绅士庶,皇皇于此。而米粮之出海,利商不利贾,故特之尤力。是米店一业,与居民同休戚,系民食綦重,不可不思所以振兴之也。公所之立,艰难缔造,壹志图成者,金推胡君南坡,而沈君友松实赞之……

古代汉语把商业、商人称之"商贾",实际上"商"与"贾"是有所区别的,"商"即"行商",是指以贩运为主的商人,而"贾"则指固定地方开店的商人。上海最早的"米行公所"是贩运粮食的行商同业团体。我们知道,自从元末黄道婆在上海推广纺织技术和工具后,棉花逐渐成为上海最主要的经济作物。上海的大部分土地用于种棉花,米的产量很少,无法保证市场供给,正如清上海人秦荣光《上海县竹枝词》中所说:上海"自田植木棉多,而邑民食米,常仰于苏、常及长江上游等处。然一旦来源或断,是诚大可忧危之事也"。上海是大码头,各地进入上海的粮食很多,供大于求,使上海的粮价经常偏低。行商为了自己的利益,一种方法就是把已进入上海的粮食再运到其他地方去,一种就是囤积,等待粮价上升后再出售。吴蔚光,字悊甫,号竹桥,江苏昭文(今常熟)人,乾隆四十五年(1780年)进士,官至礼部主事,他来过上海,对上海的供应情况有所了解,他针对上海粮食外流的情况作《出洋米》诗:

出洋一日十余石,一月出洋已数百。
内地石约二千钱,出洋石至六七千。
……

或日买三升,或日换四斗。

僧观尼庵窖藏薮,桅灯红照沙上田。

肩挑背驮齐入船,小船飞渡大船接。

大船得米小得钱,小乡镇多绝粒人。

由于上海与外埠米价差距很大,使上海的米大量外流,米荒不断出现。

1843年上海开埠后情况就发生了变化,上海出现了租界,租界的建设很快,使上海的城市面积扩大了很多,城市人口也迅速增长,当然粮食的消耗量也增加了。1853年,太平军攻占南京,改南京为"天京",建立太平天国王朝,"咸丰三年,岁在癸丑,粤匪陷金陵,其后豕突狐奔,蹂躏十余省,东南完善者,独上海一隅。其在江宁也约千里,乡人之昔懋迁于此者有之,当是时,都人士流亡襁负而来者,络绎于道"。当时,估计有数万南京人为躲避战乱而进入上海,在上海南门外还形成了一条以南京人集中居住而得名的"南京街"(在南浦大桥附近的中山南路与海潮路之间,在建设南浦大桥时注销)。1860年,太平天国为了减轻和摆脱清军对南京围困的压力,派忠王李秀成率兵突围东进。骁勇善战的李秀成一路凯歌,连克镇江、常州、苏州、无锡、昆山、宁波、杭州等苏南浙北主要城邑,并逼近上海。苏南浙北的局势发生了很大的变化,估计有三十万以上的苏南浙北难民进入上海避难。太平天国被镇压后,部分人离开上海,返回家乡,估计仍有二十万以上的人就留在上海。粮食供应涉及到上海社会的安定,上海的米店数量不断增加,当然,米店业的利润也相当可观。于是,同治六年(1867年),原以米业商为主的米行业仁谷堂就改组为以米店业为主的"米业公所嘉谷堂"。

"漕运"是政府为解决各地粮食不均而实施的粮食转运措施。元明清三朝均建都北京,为了克服北方粮食供应不足的困难,就将从江南征收的粮食通过近海海运或运河航运运往北方,所运的白米称之"漕米"、"漕粮",这是皇差,又称"皇粮"。历朝对漕运的管理十分严厉,皇粮未能按规定时间运达,或皇粮有所损失,主管官吏会受到严厉的惩罚。到了清道光以后,由于大运河淤塞严重,粮船难以正常通航,江苏省在上海设立"江苏海运局",负责漕运,委托上海沙船商运。北方的米价较贵,海运局允许沙船商承接漕运时可以挟带适量的白米自行销售,因为北方的米价远高于江南,商人躲避官府,私自将米运往北方的现象严重,这就是所谓的"出洋米"。到了清朝后期,随着商船运输量的增加,从江南通过商船运往北方的大米总量不断增加,清廷开始放松对漕运的管制,于光绪二十六年(1900年)正式停止漕运。许多米船到上海后不卸货,而把米卖给贩子"出洋米"。《嘉谷堂征信录》中就收录光绪二十四年(1898年)米业公所嘉谷堂给上海知县的《请禁贩米出口禀稿》,其中一封中说:

> 为米价飞腾仍求申禁事。窃本年春秋之交,出洋米多由奸商贩米出口,以致价值腾贵,百业惊惶,而水木作等各工聚众勒加工价、滋事等情,竟有数起。经前宪黄出示查禁奸商贩运,并经道宪通饬内地各卡口一体查禁出口,并蒙南洋大臣出示晓谕各在案。

> 现值新谷登场,米价渐跌至四元零,商贾居民皆有喜色,然米价虽平,而城厢内外及英、法、美租界各店积货无多,每日所进,不过随销而已。不谓于本月二十二、三日之间,飞涨一元数角之多,市廛咸为震骇,董等查访之下,知有奸商重萌故知,贩运出口所致。似此蔑法渔利,有碍地方大局,若不禀求出示禁止,查提严办,转瞬海运开办在即,不独与闾阎市面攸关,且与大局有碍。

此禀得到上海县衙门的认可,并立即采取措施。于是,"已蒙仁宪提案严办之后,贩买之风稍息,而本年青黄不接之时,市价平稳"。

米业公所嘉谷堂是上海米店业的同业组织,为保证上海粮供应,稳定米价起了积极的作用。到了19世纪末,上海登记的城市人口已逾百万,而且还以每年增长约十万的速度上升。上海的大部分米是江南产地运入的,使用的多为江南常见的木船,运输能力有限,供粮不足乃成为困惑多年的难题。于是,上海开始从东南亚的泰国、越南等国进口大米,这种米称之"暹罗米"、"西贡米"。中国稻米的主产区在江淮以南的地区,稻米的米粒比北方主产的粟大许多,于是人们习惯把粟米称之"小米",稻米称之"大米"。如以官话念作"大米"的,一般泛指稻米。江淮地区纬度偏高,气温稍低,旧时大多种植单季稻,水稻的种植时间长,出产的米粒粗壮圆润,黏性较强,吃口软糯,这种米称之"粳米"。不过,"粳"在普通话念 jīng,而吴方言念如 gàng,但如今的上海人已不这么叫了,大多叫做"大米",但"大"必须以沪方言念如"dú"。中国长江流域以南的地区气温较高,雨水充沛,光照时间长,水稻可以种植两季,即"双季稻",出产的米粒细长,黏性较差,口感略硬,叫做"籼米",普通话念作"xiān 米",而上海话念如"xī 米"。从泰国、越南进口的"暹罗米"、"西贡米"均为"籼米",也是"洋米",于是被上海人叫做"洋籼米"。直到今天,上海人仍把"籼米"叫做"洋籼米",如你照原读音讲成"籼米",可能连上海人也会弄糊涂。

"万军台"取"克敌万军",是上海古城墙上的一个箭台,在旧城墙的东北角,后来在这个位置上建了天后宫,而米业公司嘉谷堂长期设在这里附近。民国初拆城墙时,米业公所嘉谷堂一起被拆,只能搬迁到大东门内租借的民房办公。这块《嘉谷堂碑》很新,又是名家手笔,大概就是此时被搬到租借的民房里去的。还有一个原因,米店业涉及到千家万户,直接影响城市的安稳。在政府的指导下,上海米业同业公会成立,原米业公所嘉谷堂的地位和作用日渐下降,无形之中就解散了。租借的民房重建时,那块《嘉谷堂碑》就被当作建筑材料嵌入墙体中,才使这块碑保存完整,而且很新。上海保存下来完整的古代石碑不多,这块碑可算得上宝贝(碑)了。

水木业公所与鲁班殿

建筑业旧时称之"泥水木工",简称"水木业"。不论是城市或农村,水木业是一项必不可少的行业,当然,城市越大,水木业也越发展。中国的各行各业都有自己的行业神、祖师爷,而水木业的祖师爷就是春秋时期鲁国的公输班,即民间讲的鲁班。上海的鲁班殿有一块镌于清同治九年(1870年)的《石作同业先后重修公输子庙乐输碑》,其碑文曰:

> 祖师讳班,姓公输,字依智,鲁之贤胜路东平村人也。父讳贤,母吴氏。师生于鲁定公叁年甲戌五月初七日午时。今俾公私欲经营宫室,驾造舟桥与置设器皿,要不超吾一成之法,已试之方矣。然则师之缘物尽制,缘制尽神者,顾不良且巨哉!其淑配云氏,又天授一段神巧,较之于师,殆有佳处,今之规矩绳墨,即其遗制也。其能得心应手,而不作无用之器者,皆先师之垂以范模,后人所奉为准则也。

我真的弄勿懂,这段关于鲁班的生日及生平是怎么考证出来的。镌于

同治七年的《上海县为水木业重整旧规各匠按工抽厘谕示碑》中记:

> 据该匠等禀称:窃身等系水木、雕锯、石匠,前于道光二十三年,在治城内二十五保五图得字圩三十二号捐置地九分四厘五毫,请示起建鲁国先师新殿,俾同业敬神集公办事。前因无赖朦请示谕,藉为勒索,于同治三年仲夏,控奉王前宪讯饬,司年司月,挨次轮承,刊刻规条,请示恪遵在案。缘前次列名多系沪匠,身等江浙各帮,未经会议,并前章程尚有未备,即宪示规条,亦未刊定。致众观望,渐至庙貌失修,物多损散……

早在清道光二十三年(1843年),以上海籍为主的泥水木匠就在上海城里置地建造了鲁班殿,这既是同业敬祖师爷鲁班的场所,也是同业的公所。1843年也是上海开埠的一年,开埠后的上海建设工程繁忙,吸引江苏、浙江各帮泥水木匠大批进入上海,这个鲁班殿也成了各帮的公所。但是,原来订立的章程显然对外帮不利,于是外帮才提议重整旧规,按工抽厘。抽厘的办法是"其水木工价仍照前定……各匠包造房屋者,每工抽厘五文;如有自行备料,惟发点工者,每工抽厘二文"。

《图画日报》绘"木匠"

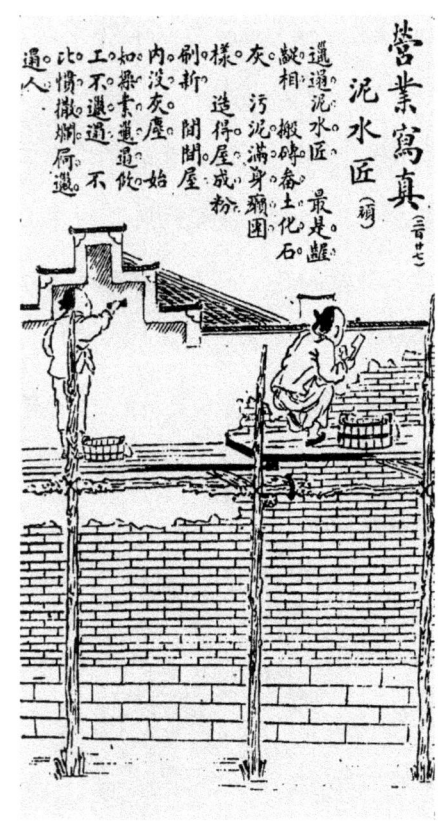

《图画日报》绘"泥水匠"

上海的鲁班殿是上海及旅沪各帮的水木业公所,由于缺乏有号召力的领导人,历年冲突不断,组织松散,还经常发生诉讼。杨斯盛,字锦春,江苏川沙青墩(今上海市浦东新区)人。幼孤贫,十三岁来上海操水木业,1880年在上海创办杨瑞泰营造厂,1891年承包外滩的江海北关大楼建设,在建设中对外国工程师设计图纸中的不足之处提出建设性的建议,得到外国工程师和监造人的认可,并保质按期完工,以后又承揽了上海许多西洋建筑业务而成为上海建筑行业的领袖。他注意到,由于鲁班殿各帮矛盾重重,不利于上海水木业的健康发展,更不利于水木业自身的利益,遂多次提议改组鲁班殿,建立上海水木业同业公所。刻于宣统三年(1911年)的《水木工业公所缘起碑》中说:

上海为中国第一商埠,居民八十万,市场广袤三十里。屋宇栉比,高者耸云表,峥嵘璀璨,坚固奇巧,盖吾中国最完备之工业,最精美之成绩。业此者惟宁波、绍兴及吾沪之人,而川沙杨君锦春名冠其曹。光绪二十三年,余始识君,君方组织公所,为同业谋同益。而忌君者阴龉龁之而解散之。阅十年,君又号召同志,请于官,斥旧董,举新董十二人,分任义务,而别举一人总其成,集款建屋,以为办公之地。给医药,施棺椁,订同业之规则而和解其争讼,众翕然服。既,复议设两等小学一,艺徒夜校四,事未竟而杨君殁。

早在光绪二十三年(1897年)杨斯盛就倡议将鲁班殿改组为上海水木业公所,但是遭到同行的抵制和反对,过了十年,即1906年,杨斯盛再次提议成立水木业公所,这次终于成功了。杨斯盛自幼贫寒,读书不多,深知教育对人一生的重要性,当他发迹后就在家乡资助教育,在上海创办广明小学(后改称"斯盛中学")。1903年他捐资三十万两购浦东六里桥地四十余亩创办浦东中学,他在《捐产兴学启》中讲:"值此国部艰危,不可终日,听名人言论,必以兴教育为救国第一……此区区家产与其传之子孙,使贤者损志,何如移作兴学,完我国民一分子之义务。"他"倾产兴学"的举动被政府嘉奖,为后人传颂。当水木业公所成立后,杨斯盛又提议设立公所子弟小学,创办水木业职业夜校,提高同行的文化水平和职业技能。秦锡田撰《水木工业公所缘起碑》对杨斯盛之义举给以高度评价,说:

余维中国贵士而贱工,崇道而卑艺。士大夫崖岸高峻,喜空谈,耻实验,有言制造新法者,不斥为逐末,必诋为奇技淫巧。为之工者亦抑然自下,觍然不敢与士大夫抗礼。识,日益短;技,日益拙;器,日益窳。而外人乘吾之弊,输运其物品,以供吾之术取;又曲顺吾之好尚,以吸吾之脂膏。吾用其物而未厌也,则思效其法;求其法而不得也,则思师其人。于是,官署有洋员,工厂有洋匠,学堂有洋教习,欧风墨雨,卷地东来,横流滔滔,莫知纪极。独此建筑之木,楼阁轩廊,案图而肖其形;金木土石,引尺而悉其数。能知外人之嗜好,而未尝求师于外人,能吸外人之金钱,而不容外人插足其间,少分我纤毫之利益。然则,吾中国四万万同胞中,差强人意,不倚赖而能自主者,惟此水木工业耳。

清代至民国初,上海的水木业主要是上海的本帮和浙江的绍兴帮和宁波帮为主,秦锡田的碑记最后讲:"而宁波人则别建公所云",所以,杨斯盛创建的水木业公所全名为"沪绍水木工业公所"。《光绪上海县续志》中说:

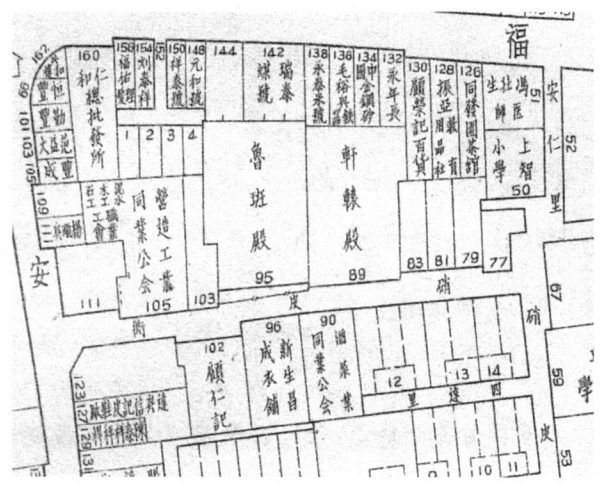

上海水木业公所鲁班殿与衣业公所轩辕殿相邻,均在城里硝皮弄

沪绍水木工业公所，在福佑路，光绪三十三年，杨斯盛等十二人集款创建。三十四年，设水木工业通惠初、高小学校，在二十五保九图打铁浜。

这个公所仍设在城里鲁班殿，旧址为硝皮弄95号，今已拆除，"打铁浜"是上海老西门外的一条河流，走向大致相当于今天的自忠路、顺昌路、太仓路，水木工业公所创办的"通惠小学"的旧址为马当路217号，1956年由卢湾区教育局接办后改称"马当路小学"，今已拆除，旧址为今"新天地"北片的一部分。

宁波帮水木业与沪、绍帮分道扬镳后，独立成立公所，并建鲁班庙，在虹口东余杭路与梧州路交叉路口的东北转角，占地约四百五十平方米，正门朝南开在东余杭路255号，边门开在梧州路94号，并创办水木业子弟小学，解放初改称"劳动小学"，后又改称"梧州路第一小学"。我以前就住在此附近的东余杭路，我孩提时的多位朋友就读于劳动小学，我也多次进入鲁班庙。记忆中，朝南的大门为石库门，通常是从梧州路的边门进入。当时大殿和神像还在，大殿为三开间传统庙宇建筑，供鲁班神像，画栋雕梁，大殿的正前方是天井，当时作为学校的操场。天井的两侧有庑房，不设墙，里面也有神像，但不知是何路神仙。鲁班庙在20世纪80年代末拆除，当时我在上海市历史文物陈列馆工作，得到当地居民来电，称劳动小学的工地上挖出一块石碑，上面有字，但当我赶到那里时，石碑已随土方被运走，使我懊恼不已。《同治上海县志·卷三十一·寺观》中说：

鲁班阁，在里虹口。

虹口港是黄浦江浦西的支流，由嘉兴路桥处向南流，注入黄浦江。上海地名用词习惯，把河流的下游称之"外"，上游称之"里"，虹口地区与上海城厢被苏州河分隔，疑犯越过苏州河进入虹口，官捕往往就束手无策，奈何不了他，所以旧志称虹口为"奸究之地"，就是流氓猖獗之地。1848年，上海道同意把"吴淞江（即苏州河）北岸沿江三里之地"辟为"虹口美租界"，美租界的市政建设是从黄浦江沿虹口港由南向北发展的，并依次被叫做外虹口、中虹口、里虹口、新虹口、北虹口等。今天虹口港上的大名路桥旧称"外虹桥"，长治路桥旧称"中虹桥"，汉阳路桥旧称"里虹桥"，汉阳路旧名"汉璧礼路"，而更早些就叫"里虹口路"，余杭路桥旧称"新虹桥"，因桥的西塊南侧是上海最早的发电厂——斐伦路发电厂，旧时发电主要用于电灯照明，称之"电灯厂"，该桥又俗称"电灯桥"。所以清代的"里虹口"是指今汉阳路桥附近的区域。我从小就生活在虹口，对这里一带十分熟悉，今天汉阳路桥东塊南侧的西安路有一条叫"shi子弄"的一弄堂，谁也不知该"shi"怎么写，大多写作"狮子弄"。实际上"输"在沪语中念如"shi"，鲁班姓公输，鲁班庙又称之"公输子庙"或"输子庙"，《同治上海县志》中讲的"鲁班阁"就是"输子庙"，就在这条"狮子弄"里。英商耶松船厂（Farnham & Co., S. C.）是上海出现的第一家船舶修造厂，1865年在虹口港东岸的黄浦江边建立船坞，当时上海还没有修造西洋船的工匠，所以船厂的工人大多来自广东，这个鲁班阁就是广东人为主的西洋船舶修造工匠的同业公所，不过已无法知道它的具体位置了。

木业公所和震巽木业公所

2011年，我作为上海的全国第三次文物普查成果验收组成员到全市各区县验收"三普"成果。在去青浦区验收时，青浦区博物馆同志带我们来到青浦"大观园"。青浦"大观园"是20世纪80年代新建的一个旅游景点，参照《红楼梦》中大观园而建，这里仿古建筑不少，大概并无真正的古建筑。我们一行正在纳闷，花园的管理人员打开园内的大门，里面果然有几幢古建筑，美轮美奂，令人感叹不已。博物馆的同志告诉我们，这些古建筑都是从上海拆下来后移建到这里的，他们只是根据当年的记录，知道这一幢是"锡金会馆"，那一幢是"木商会馆"，他们希望知道，这些移建的古建筑是否可以列入"三普"的对象，同时，他们也希望知道这些古建筑的历史和文化价值。

据《光绪上海县志·卷三·会馆公所》说

> 木商会馆，在生义弄。初，木船均泊他埠，咸丰八年，禀准官厅进口，于是营业日盛。始凭屋于北门内，设木商公所，嗣迁竹行

弄新街。业此者均购备船只,领有牌照,赴闽采运,来沪后呈验,货单由公所出具,联单盖章、报关、挂号、纳税。闽关以南,台戳记为凭,明与钓船有别也。光绪二十四年,购地迁建于今址,改称"会馆"。供奉天后,厅事、戏台均壮丽,左为办事会议室,厘订规则,轮值司年司月,举董事以总其成。

言简意赅,讲得很清楚。上海属江南水乡,没有大山,不出木材,建筑、建设用大木料全部靠外地运来。1843年上海开埠后,上海的建设加快了步伐,日新月异,所需的木材量也大幅度增加。近海的福建和沿长江的安徽多大山,盛产木材,商人赴那里采购木材,运到上海。不过,上海不设木材的专用码头,大船装整根的巨木运到上海附近后,将木头抛到水里,扎成木排,靠人工或火轮拖进上海港。我以前住在虹口港附近,家附近还有一家"解板厂"(沪方言把"锯"念如"解"[ga],锯木厂叫做"解板厂"),这里的虹口港上经常有木排。"三年自然灾害"期间,引火用的柴爿和烧东西的煤油也凭证凭票,计划供应,许多家庭配给的煤球不够烧。一旦有新的木排顺流漂来,那些巨木的外面有树皮,很容易"掘"下来,于是一定有不少大人小孩,手持菜刀、榔头,跳到木排上"掘树皮",树皮晒干后可以当柴烧。对"解板厂"来讲,树皮也是弃物,他们一般也不干涉人们"掘"他们的树皮。我也干过"掘"树皮的活,如今回忆起来挺有趣的。

早期的木商大多是福建人。众所周知,1853年上海爆发的小刀会起义实际上是福建小刀会和广东三合会的反清起义,也许就是这个原因，上海地方政府不许福建木商在上海建立同业公所，一直到咸丰八年(1858年)，小刀会已被镇压多年，福建商人也没有"造反"的迹象，才准许他们在上海建立同业公所。这个"木商公所"最初设在北门内租赁的民房里，后来迁到"竹行弄新街"，一直到光绪二十四年(1898年)才正式在小南门外生义弄建造了自己的"木商公所"。也许因为经营木业的大多是福建同乡，此时又改称"木商会馆"。木材是利润很高的行当，木商会馆又是木商的同业公所，会馆使用原根的巨木建造。《县志》一般不形容建筑的规模，而这里使用了"'会馆'。供奉天后，厅事、戏台均壮丽"，可见，这个木商会馆的建筑应该是美轮美奂。青浦"大观园"内的"木商会馆"体量确实宏伟，大殿二层通层，十分气派。不过，当时只是因市政建设而把木商会馆建筑搬迁到青浦重建，对文物建筑并无具体规定，是否真的按原样重建，不得而知，只能等下次有机会，再作调查后才能搞清。

巨木的砍伐并不难，但运输可是一个大难题，木材商大多选择交通便利之处就近砍伐，若干年后，就近之处的巨木已砍伐殆尽。深山老林里有的是巨木，但把巨木运下山，再运到码头可是大难题。实际上，到了19世纪后期，巨木大量被砍伐，能运进上海的越来越少，价钱越来越贵，福建帮的木商大多选择改行做洋木生意。

上海的建设亟须大量的木材，造房子、建桥梁需要巨木，竖煤气、电线杆需要木材。中日甲午战争后，国人痛定思痛，决心仿效西方，实行维新变法，于是全中国掀起了一股建设铁路的浪潮。19世纪末，规划或已投入建设的铁路就有卢(沟桥)汉(口)铁路、粤汉(广州到汉口)

铁路、沪宁铁路等许多条,铁路除了需要大量铁轨外,还需要大量枕木,而枕木又是以原根巨木制作的。原来的木商会馆的同仁们做的是国内木材生意,于是在上海产生和形成了主营洋木的洋行和中国商行。

祥泰木行(China Import & Export Lumber Co.)由德商祥福洋行(Snethlage.H)行主斯佘司来治(H. Snethlage)创办于1884年,经营木材进出口及加工业务。19世纪末,由于中国大规模建设铁路,遂以进口原木为主,在上海杨树浦建有木材专用码头及工厂,占地一百七十余亩,成为最大的木材进口商,进口北美洋松(即花旗松)制板料、原木、桩材、枕木,日本、菲律宾等地硬木,西伯利亚库页岛松木等,是旧中国最大的木材进口商。

《光绪上海县续志》中说:

> 震巽木商公所,在穿心街(今福佑路)、西高墩街(今高墩街)。宣统二年,洋木业商久记等禀准道署设立。初赁屋于英租界南京路公兴里,嗣迁建于此。

"震巽"是《易经》中的两个卦名,《易·说卦》:"震,一索而得男,故谓之长男。巽,一索而得女,故谓之长女。"《周易》只是中国最早的算命书,充满玄机,常人难以理解,也没有必要理解,但《周易》也被定为儒家经典,是读书人必读之书,其影响之大可想而知。因为"震"代表长男,"巽"代表长女,于是"震巽"也比喻夫妻恩爱,引而伸之,又表示同人团结和谐。该"木商公所"前置"震巽",一方面与前福建帮的"木业公所"相区分,另一方面表示同仁齐心协力。

1925年,震巽木业公所改组为"震巽木业公会",并选历年资料汇编成《震巽木业公会报告录》,如《震巽木业公所创立缘起》中说:

> 胜清光绪季年,士大夫之言富强者,莫不盛称工艺,造铁路。而工艺、铁路实莫不与木相缘,而尤以枕木一项为大宗,率求之外商,或以契约明定材料给自其借款之匡,而故高其值,金钱之被吸收者,殆不可以数亿计。

中国造铁路亟须进口大量原木、枕木,而进口货源操纵在外商手中,中国的洋木商仰洋行之鼻息,同仁们只是希望团结一致,从洋人手下夺一杯羹而已。

上海历史上的"木业公所"和"震巽木业公所"是不同的两家同业公所,千万不能混为一谈。

顺便补一句,根据属地管理原则,今青浦"大观园"内的"木业公所"建筑,虽是上海移建过去的,也可以被列为青浦区文物建筑给以登记,并妥善保护。

花业公所和售花公所

上海市中心区的人民路小北门有一段上海古城墙遗址，这也是上海仅剩的古城墙遗址，城墙上有"大境关帝庙"，二者于1959年公布为上海市文物保护单位。1992年由上海市文管会大修，并于1995年10月对外开放。在正式开放之前，我应当时的南市区文化局邀请，在大境关帝庙布置一个《上海老城厢史迹》的展览。当时，三山会馆管理处副主任王树民（后为主任）在三山会馆相邻的"三山里"拆迁工地上发现一块很大的石质砝码，形似杆秤上使用的方锥形秤砣，但很大。我让他们借附近的一家国营粮店的地磅秤称了一下，实重约六十一市斤。砝码的一面镌阴文"上海花业公所北市"，另一面镌"司马秤五十楼"，许多人问

上海花业公所北市司码秤

我,这上面的字是什么意思,要多大的秤才能配这只大秤砣,它又是派什么用场的。

今天,中国的沿海城市或地区往往是经济发达地区,而在农耕时代,大海不仅对种田人来讲派不上什么用场,而且沿海多风灾、水灾,土地贫瘠,不宜种植,沿海地区大多是"穷地方",还是政府发配犯人的"天涯海角",古代上海也是如此。陶宗仪,字九成,号南村,元末明初人,祖籍浙江黄岩,定居华亭泗泾(今上海市松江区泗泾镇),其《南村辍耕录》中有相当一部分内容涉及上海,上海黄道婆史迹也最早见于该书,文字不算太长,抄录如下:

> 闽广多种木棉,纺绩为布,名曰"吉贝"。松江府东去五十里许,曰乌泥泾,其地土田硗瘠,民食不给,因谋树艺,以资生业。遂觅种于彼,初无踏车椎弓之制,率用手剖去子,线弦竹弧置按间,振掉成剂,厥功甚艰。国初时,有一姬名黄道婆者,自崖州来,乃教以做造扞弹,纺织之具,至于错纱配色,综线挈花,各有其法。以故织成被褥带悦,其上折枝、团凤、棋局、字样,灿然若写。人既受教,竞相作为,转货他郡,家既就殷。未几,姬卒,莫不感恩洒泣而共葬之,又为立祠。

棉花原产热带、亚热带地区,中国的海南岛和广东、福建有少量种植,它是一年生或多年生木本植物,有的品种可高达五六米,花结果后再开裂,就是植物纤维棉花,所以,中国古人讲的"木棉"就是今日的棉花。中国的北方没有棉花,用棉花织的布很珍贵,古人用来抄写经文,其作用与"贝叶"相同,于是被叫做"吉贝"。上海地区近海,以沙土、盐碱地为多,不适宜耕种,但是,有福建、广东的船商不定期地来上海,把棉花种子带进上海,人们试着种棉花,想不到上海的土质颇适宜种棉花。但棉花的后期加工很复杂,先要将籽棉脱籽,成为原棉,然后将棉花弹松,再纺纱织布,上海人不懂棉花整理的技巧,又没有合适的工具,所以棉花种植难以推广。元朝初年,有一位叫黄道婆的人从海南漂洋到了上海乌泥泾,她带来了纺织工具和技巧,还对纺织工具进行改进,教人们织出各种各样的布,于是,棉花就成了上海主要的经济作物,家庭手工纺织也成了家庭的副业或主业,织出来的布远销各地,使上海百姓摆脱贫困,走上小康。当然"上海之布,衣被天下",黄道婆对上海作出的贡献可谓大矣。

一直到近代以前,上海是江南棉花的种植区,上海的棉花产量很高,而家庭手工纺织的能力有限。于是商家把多余的棉花贩销到上海周边地区,使周边地区的农家可以在家庭织布,既可以"自给自足,丰衣足食",也可以使空闲的家庭妇女利用织布增加收入。清上海人秦荣光《上海县竹枝词·风俗》:

终年食米仰地方,吾邑贫农乏盖藏。

万一来源中断绝,预筹补救讵宜忘。

作者原注:"案:自田植木棉多,而邑民食米,常仰于苏、常及长江上游等处。然一旦来源或断,是诚大可忧危之事也。"上海的棉花销量极大,利润较高,于是农家放弃种粮,改种棉花,上海的粮食种植面积减少,粮食就得依赖苏州、常熟地区,作者担心,一旦运输中断,上海人真的要饿肚皮了。一直到20世纪70年代,上海市东部的上海、南汇、川沙、宝山等县还大多种植棉花,西部的青浦、松江、嘉定等县以种植水稻为主。棉花是上海主要的经济作物,其收成好坏直接关系到农家的收入,于是在沪方言中,凡独称"花"就是指棉花,如王韬《瀛壖杂志》中讲:

> 沪人生计在木棉,贩输远及数省,今则且至泰西各国矣。在沪业农者,罕见种稻。自散种以及成布,男耕女织,其辛勤倍于禾稼,而利亦赢。乡人称木棉,统称为"花"。

确实如此,上海人把种棉花叫做"种花",采摘棉花叫做"捉花",晒棉花叫做"晒花",棉花初结的铃叫做"花铃",棉花秆叫做"花萁"等,沪谚有"花好稻好"喻"样样都好"。上海农家种植的农作物主要就是棉花和水稻,如棉花和水稻的收成都很好,那当然是"花好稻好,样样都好"了。

花了这么多的笔墨去解释"花",无非就是想说明,上海的"花业公所"就是棉花业公所,而不是"flower业公所"。

《光绪上海县续志·卷三·会馆公所》:

> 花业公所,在圣贤桥东梅家弄。初,道光季年租小武当余地建立。咸丰三年,寇毁。光绪纪元,程鼎等重建立,议集月捐购地于此,五年,鸠工,越岁落成。计楼、平房二十八间,正厅曰"吉云堂"。基二亩八分一厘四毫。

"小武当"是一座道观,址在今董家渡路。"圣贤桥"是跨薛家浜的桥,在今董家渡路与南区街相交处。"梅家弄"今日还在,是一条连通董家渡路与南区街的小路。这个花业公所吉云堂的建筑大约在20世纪20年代拆了,后来的董家渡路梅家弄11弄叫做"吉云里",就是沿用了"吉云堂"的名称。我已很久未到那里,不知这个"吉云里"是否还在。

这里再介绍一下上海的"北市"的概念。在古代汉语中,"市"多用于市场、货卖,上海也无所谓"南市"和"北市"。近代以后,1843年上海开埠,1845年英租界率先在上海县城的北郊建立,1848年和1849年,美租界和法租界也相继在北郊建立,于是就出现了以老城厢为主的"南市"和以租界为主的"北市"。老城厢的贸易以传统的国内贸易为主,而租界的贸易则以进出口贸易为主,于是,在上海,"北市"就是以对外贸易为主的租界市场。前引王韬《瀛壖杂志》中提到:"沪人生计在木棉,贩输远及数省,今则且至泰西各国矣。"在上海开埠前,上海的棉花市场主要是内销市场,而1843年上海开埠后,上海产的棉花大量被销往国外,并成为出口商品之大宗,于是,上海的棉花业分为"南市"和"北市"。采摘的棉花中有籽,这种棉花叫做"籽棉"、"子棉",去了籽的棉花在行内称之"原棉",在上海则称之"花衣"。商业贸易中通常是

"原棉"或"花衣",今天,上海小南门外近黄浦江的地方有一条叫"花衣街"的小路,它就是以原来这里的花衣仓库和市场而得名的。当棉花成为出口商品后,销量很大,价格也有所上升,于是,不仅上海棉花的种植面积不断增加,上海周边的南通、崇明、海门等地也大量推广种植棉花。作为商品,棉花的检验指标主要为三类,即纤维的质量、含水率和干净度,商人的品行良莠不齐,不法商人为增加棉花的重量,往往将未晒干的棉花打包进入市场,甚至有意在棉花中掺水。于是,必须在棉花业中建立同业公所,规范商业行为,统一棉花标准,打击不法行为。于是,海门、南通、崇明的棉花商人也于光绪十七年(1891年)在上海法租界联合成立"售花公所",因公所所在地在"北市",并以外贸为主,故又称"花业公所北市"。《通崇海棉花业章程清册》中收录多地政府的告示,如《上海县为售花公所立案告示》中说:

> 窃通州、崇明、海门三境接壤,土产木棉,商等花业生理,历年购运申江,售往川、汉、关山东等处,向来主客面交,信义相待。自外洋购花以来,销路既繁,权归肩客,捏盘转售,百弊丛生。近又木车变为机车(指棉花脱籽机),花易藏潮。向云沙花称为第一者,今被杂路花所掩,泾渭不分,论价相若,以致三邑花行迭受巨亏,纷纷停业……即如光绪十七年,通海议立沙布公所,颇著成效……各设公所外,谨就治下北市法租界设立公所,为每日集议行市,验货成交之地。拟自本年(指1897年)十一月朔日为始,筹提公款,次第开办。

《江苏海门直隶抚民府售花公所立案告示》：

> ……爰集同业妥议章程，拟就治下西市设立公所，随时剔理行规，并联通、崇两境于沪北租界合建售花公所，以肃市规。自本年十一月朔日为始，按件抽收公费，次第举办。

以南通、崇明、海门三地为主的"售花公所"在上海北市法租界建立后，由于制定行规，规范商业行为，有利棉花市场的规范化、制度化，也有利于棉花行业的正常发展，对南市的上海花业公所有所冲击，于是，南市的花业公所也作改进，《光绪上海县志》中讲：

> 棉花验水局，在圣贤桥东花业公所后。光绪二十八年八月，巡道委员会同业董经办。先是洋商因贩花出洋，每致腐烂，遂以验水为名，出而干涉。乡民不服，乃设局办理，遇花之掺水者，留局烘晒之。棉花为吾邑出产大宗，使花行不收水花，积弊相因，牢不可破，即验视加严，仍难遏止，至不能见信于外人，业此者亦可以知所返矣。

近代以后的约五六十年间，上海生产或南通、崇明、海门进入上海市场的棉花大多以出口为主。虽然，早在秦始皇时代就提出统一度量衡，但实际上中国的衡制长期处于混乱状态中，各地有自己的衡制，不同行业也有自己的衡制，为商业贸易设置了重重障碍。近代以后，中国对外贸易的总量不断上升，又出现了外国的度量衡制，必须建立一种新的、专门的度量衡制,才能保证贸易正常、顺利地开展、进行。1858年中英签订的《通商章程善后条约》第四款就对中外贸易使用的度量衡作出明确规定:

> 凡有税则内所算轻重、长短,以中国一担,即系一百斤者,以英国一百三十三磅又三分之一为准;中国一丈,即十尺者,以英国一百四十一因制为准。中国一尺即英国十四因制又十分因制之一;英国十二因制为一幅地,三幅地为一码,四码欠三因制即含中国一丈,均以此为例。

这种"担"是海关规定的外贸称重单位,旧时多称"海关担",英国称重单位"磅"至今没有变化,1磅=0.454千克,"十三磅又三分之一"约等于60.5千克,约等于120市斤,今天中国通用的1担等于120市斤,实际上就是"海关担"的重量。设在上海北市法租界的售花公所订有《公议沪上售花公所条规十四则》,其中第二则就是:"公所备办司马公秤、英商公磅,每逢礼拜,公同较准,买卖用此过卸,以昭划一"。王树民先生发现的这块上镌"上海花业公所北市""司马秤五十楼"的砝码称重约六十一市斤(有误差)实际上就是"海关担"半担,是当时上海花业公所或售花公所用来校秤的标准砝码。若干年前,我只是听《上海海关志》副主编张耀华先生讲,他曾在上海海关和广东海关的库房里见到过"海关担"半担的石质砝码各一枚,为扁圆形,因当初不知为何物,也未引起注意。如此看来,上海发现的"司马秤五十楼"真可以算一级文物了。

  日商的"内外棉"的英文名为 Home & Foreign Cotton Trading Co. 1887 年创办于日本大阪。日本的棉花种植量很少,早期,"内外棉"就大量从上海收购原棉,运到日本后生产成纺织品,再部分销往中国。中日甲午战争后,1895 年中日签订《马关条约》,条约规定:"日本居民得在中国通商口岸城邑,任便从事各项工艺制造,又得将各项机器任便装运进口,只交所订进口税"。实际上就是承认日本人可以在中国的通商口岸投资建厂,将生产的商品销往各地。根据"最惠国条件"原则,任何与中国签约的外国也同时获得这一权利。条约生效后,许多外商立即在上海投资建厂,其中又以纺织厂居多,仅"内外棉"就在中国拥有纺织厂十八家之多,并主要集中在上海。纺织厂的原料就是棉花,从此,上海的棉花不再出口,而是就地消耗。原有的产量不敷使用,中国的许多地方开始推广种植棉花,上海仍是中国最大的原棉市场,不过,传统的花业公所、售花公所难以适应庞大的市场。1914 年,上海出现了上海证券物品交易所。1921 年,上海华商纱布交易所开业,棉花成为"期货",仍是交易之大宗,原来的花业公所、售花公所结束了历史使命,部分商人转入交易所而成为经纪人或干脆建立经纪人公司。

豫园内的同业公所

豫园是明上海望族潘允端家族的私家花园。潘允端的父亲叫潘恩，任南京工部、刑部尚书，潘允端官至四川右布政使，他写有《豫园记》，起首即说：

> 余舍之西偏，旧有蔬圃数畦。嘉靖己未，下第春官，稍稍聚石凿池，构亭艺竹，垂二十年，屡作屡止，未有成绩。万历丁丑，解蜀藩绶归，一意充拓，地加辟者十五，池加凿者十七。每岁耕获，尽为营治之资。时奉老亲觞咏其间，而园渐称胜区矣。

豫园是利用潘家住宅西偏的菜田兴建的，开始于嘉靖己未(1559年)，直到万历丁丑(1577年)，他从四川右布政使位置上退休后才以更大的精力、财力建造花园，历时二十余年才使"园渐称胜区矣"。豫园建成后的面积六十余亩，到了明末清初，潘氏宗族家道中衰，于是族人开始变卖家产。当时上海的绅士们不忍心看到豫园由此被毁，遂与上海地

城隍庙西园

方政府商议,集资把豫园余下的部分买下来,并成立了一个董事会来负责管理。但是,这个董事会均是地方绅士,根本无空去管这件事,于是又将豫园委托相邻的城隍庙代管。城隍庙自己有一个内园,在庙的东侧而被叫做"东园",于是豫园就被改称"城隍庙西园"。到了一百多年后的道光年间,由于长年失修,豫园的建筑已破烂不堪,环境也十分混乱,董事会希望城隍庙道士出资大修、整治,而道士们又认为自己只是委托管理,不愿承担大修的费用。而当时上海的商业已经发展到一定的规模,许多同业公所找不到合适的地方建立自己的公所,于是,经上海地方政府批准,董事会决定把原豫园的土地和建筑出租给有能力和意向的同业公所,由他们承担建筑的大修,并负责对自己所租的土地的租金、税收,以及长期的保洁。刻于同治七年(1868年)的《上海县为庙园基地归各业公所自承粮告示碑》中记,出租的豫园土地共"三十六亩八分九厘二毫",公所共二十一家,它们是:

萃秀堂豆业	丈见共地壹拾亩七分五厘三毫
钱粮厅总房	八亩八厘二毫
凝晖阁鞋业	五分五厘八毫
船舫厅船厂	五分八厘三毫
董事厅红班	九分七厘五毫
龙船厅行口	四分三厘
清芬堂旧花业	一亩七分八厘九毫
怀回楼西房羽士	三分九厘三毫
飞丹阁帽业	七分八毫
映水楼酒馆	八分五厘
得月楼布业	一亩五分六厘八毫
香雪堂肉庄	一亩五分九厘四毫
游廊羊肉店	一分五毫
游廊铜锡器业	一分三厘三毫
游廊银楼	一分一厘四毫
挹爽楼乡柴业	四分一厘五毫
世春堂铁砧业	五分七厘四毫
点春堂花糖行	二亩八分九
可乐轩沙柴业	三亩四厘四毫
湖心亭青蓝布业	一亩七毫
花神楼丐头	三分三厘六毫

《光绪上海县续志·卷三·会馆公所》

点春堂,在豫园东北隅。道光初年,福建汀、泉、漳三府业花糖洋货各商公立,为祀神、会议之所。咸丰三年,寇占被毁。十年,借驻西兵,改造洋房,风景荡然。事平,群谋规复,董事苏升倡募捐款,集资万五千金贴偿兵房价值,收回旧址,重图建筑。同治七年经始,越四载告竣。疏泉为池,叠石成山,其间楼台亭阁,绕以回廊,颇饶幽趣。光绪七年,复筑和煦堂,益形完美。

文字很简单,表述得很清楚。点春堂是豫园的原有建筑,据相关资料记载,点春堂前种植腊梅多枝,遂取温庭筠诗"丝飘弱柳平桥晚,雪点寒梅小院春",取名"点春堂"。闽南泉州、漳州近海,素有海上航运、贸易的传统,在康熙1685年开放海禁后就批量进入上海,中国古代的食用糖主要是蜂蜜和用粮食制的麦芽糖(上海人称之琼糖)、饴糖,只有南方的福建、广东等地才生产用甘蔗熬制的红糖、黄糖,

豫园点春堂,曾为福建花糖业公所

这类糖即所谓的"花糖",闽南商人把花糖以及南洋海产运抵上海,在小东门外形成了一条以闽广商行为主的"洋行街",此见于清乾隆、嘉庆时上海人写的竹枝词,如:

雉堞参差歇浦边,万家烟火日喧阗。
东门一带烟波里,无数樯桅闽广船。

闽商粤贾税江关,海物盈盈积似山。
上得糖霜评价买,邑人也学鸟绵蛮。

阛阓居奇百货盈,遐方商旅满江城。
洋行街上持筹者,多学泉漳鸠舌声。

清道光初,旅沪的闽南花糖、洋货商人就租用了豫园点春堂建立同业公所,作为同业祭祀祖师爷和开会的地方。1853年(咸丰三年)9月7日是全国祭祀孔子的日子,就在这一天,上海爆发了小刀会起义。起义军刺死了上海知县袁祖德,占领和控制了上海城。上海的小刀会分福建帮的小刀会和广东帮的三合会、天地会两大帮,其中以陈阿林为首的福建小刀会就以豫园点春堂为指挥部,他们发出的布告大多使用"点春堂"或"点春堂公馆"的名义。当1855年初,清军镇压小刀会时,点春堂受到较严重的破坏。由于福建的"花糖洋货公所点春堂"直接参与了反清的小刀会起义,当小刀会起义被镇压后,他们的行动受到政府的监视和约束，公所也不能在点春堂恢复。又过了几年，又遇上太平军东进，清政府招募由外国军人组成的"洋枪队"镇压太平军，今人往往误以为"洋枪队"是外国军队，实际上它应该是由清政府出资招募的外籍人为主的雇佣军，他们不能驻扎在租界里，而只能驻扎在"中国地界"。于是，被清政府收回的点春堂又成了洋枪队的营地，在这里建了兵房，原来点春堂"翠点春妍"的风光破坏殆尽。一直到同治七年(1868年)，小刀会在人们的记忆中稍被抹去，才由福建永定(永定旧隶属汀州)人苏升倡议集资恢复建立福建花糖洋货公所点春堂。他早年随父来上海经商，因在上海举办慈善而得到政府嘉奖，咸丰七年(1857年)还奉命榷征闽粤洋货厘金而由监生荐保同知、四品顶戴，在上海创建"建(宁)汀(州)会馆"，是旅沪福建人的领袖人物。上海地方政府同意了苏升的请求，点春堂重建工程历时四年才告竣工。沈秉成(1823—1895年)，浙江归安(今湖州)人。字仲复。咸丰六年(1856年)进士，改庶吉士，授编修。同治八年(1869年)任江苏常镇通道，十一年，调苏松太道，即上海道。他到任上海道时恰值点春堂重建工程结束，"点春堂"匾就是沈秉成写的。沈秉成是一个历史人物，一般人对他知之不多，已故著名书画家沈迈士的名声比他大多了，而他就是沈秉成的孙子。

苏本炎(1872—1919年)，上海人，字筼尚，他的父亲叫苏鲛，而苏鲛就是苏升的儿子。苏本炎毕业于上海圣约翰书院，1904年在上海创办"民立上海中学"(即今"民立中学")，自任校长，他写过《点春堂记》，流传不广，不妨抄录部分如下：

堂凡五楹,中三楹供城隍神座,左一楹为贮藏室,右一楹为办事室。厅前为歌舞台,厅西南有楼三楹,为水神阁,绕回廊北行,为五色琉璃亭,中有井泉,因称之曰井亭。亭东北有楼五楹,乃司事栖息所,楼东迤南,入山洞而下,有钓鱼矶,鱼游泳矶畔,见人不惊,盖矶虽设而不钓者;由山坳盘曲而上有亭,向西曰"抱秀",得窥萃秀堂全景,故名之。亭北山外,跨安仁里有观音阁,相传为前明潘氏所建大士庵之旧址,抱秀亭之南,山巅有高阁,曰"延爽",更上一层曰"快楼",由山脊绕廊而南,有轩曰"静宜",再南有亭曰"听鹂";折而西,出山洞,越环碧桥,见有大厦,隐于环山之间者,曰和煦堂,堂四围厂启,面山背池,夏凉冬温,名副实焉。

文中提到点春堂的门前有"歌舞台",这就是公所戏台,名义上是"酬神演剧"用的,而实际上则是逢年过节时唱堂会用的戏台。该戏台以石结构为主,这是上海会馆公所中少见的。同样,就是因为是石结构戏台,十分牢固,才能较完整地保留至今。戏台四周的石柱上镌有联文,分别描述春夏秋冬四时景象,值得一读,依次为:

　　大地春回看处处柳眠兰笑
　　小园宛住听声声燕语莺歌

　　一曲熏风允矣阜财能解愠
　　三生拳石宛然含笑共争妍

花扫闲阶仰仙子凌波未去

揭悬高阁迟诗人扶杖遨游

遥望楼台斜倚夕阳添暮境

闲谈风月同浮大白趁良辰

得月楼是豫园的主要景点之一。今人多以为"得月"之名得名于"近水楼台先得月",事实并非如此,《光绪上海县续志》中说:

得月楼,在邑庙豫园,为布业公所。道光三十年,承办供布,创始设立。咸丰三年,寇毁,侨居于外。八九年,建前楼。十年,园驻西兵,又遭损。同治七年,承粮执业。十二年,其时供布已归官办。光绪九年,磊石北浒,筑环垣。十七年,重行建筑,越三载落成,上为得月楼,下为绮藻堂。

得月楼原有《重建布业得月楼绮藻堂碑》,该碑中说:"大易八卦,坤为布,乾升坤为坎,坎为月。唐杜子美有句云:'织女机丝虚夜月',推乎此而知养夜女红,寒灯向尽,固有以得月为快者。""男耕女织"是中国农耕社会理想生活的境界,家庭主妇利用月光,夤夜织布,可以为家庭织更多的布,"得月"之名取义于此。"松江之布,衣被天下",自从元朝黄道婆在上海教授纺织技术,改良纺织工具,棉花就成为上海主要的经济作物,上海的棉布也销往全国各地。道光三十年(1850年),清廷委托上海商家采办棉布,并在上海设立公局,于是,上海的棉布商就成立了布业公所,公所就设在豫园内,并把公所的建筑取名"得月楼"。后来经历了小刀会起义,太平军东征,这里的建筑破坏殆尽,风光不再,一直到光绪十七年(1891年),布业才醵资重建,三年后竣工。正如《重建布业得月楼绮藻堂碑》中所讲:

> 吾邑布业,近数年来稍稍疲矣。论者谓自泰西布入内地,相率为利,故土布梗于市,而生计艰。

近代以后,受到洋布的冲击,土布经营维艰,到了清末民初,布业得月楼已经名存实亡矣。

珠玉业和银楼业公所

珠宝玉器是贵重的消费品,过去,珍珠和玉石的产量很低,珠宝玉器的价格就显得更为昂贵了。珠宝玉器的消费对象主要是富人。因此,只有在经济发达的大城市才有珠宝玉器的加工作坊和商店。鸦片战争以前,上海的城市经济虽已发展到一定的水平,但是与江南的其他发达城市相比,就显得落后多了,所以,1840年之前上海几乎找不到专业的珠宝玉器商店,上海人要买珠宝,必须赶到二百里外的苏州才行。

南京是六朝故都,明初,朱元璋在南京登基称帝。永乐后京畿虽已迁往北京,但南京仍是明王朝的陪都,是江南的政治、军事、经济、文化中心;"上有天堂,下有苏杭",苏州的政治、军事地位虽不及南京,但几千年来苏州一直是江南最富裕的地区。南京和苏州是江南最富裕的城市,珠宝玉器的消费量大,也是珠宝玉器业最发达和集中的城市,并形成了京(南京)帮和苏帮珠宝业商人。

1843年上海开埠后,已有少量的珠宝业商人进入上海。咸丰三年

(1853年)太平天国攻占并定都南京。珠宝玉器是贵重物品,珠宝业又是主要为达官贵爵、巨商富贾服务的行业,所以,珠宝店就成了太平天国最先打击和剥夺的对象。在太平军进攻南京时,就有大批京帮珠玉业商人随同逃难者进入上海,"咸丰三年,岁在癸丑,粤匪(对太平军的诬蔑之词)陷金陵,其后豕突狐奔,蹂躏十余省,东南完全者,独上海一隅。其在江宁也约千里,乡之人昔懋迁于此者有之"(《创建上海江宁七邑公所碑》。江宁公所在新闸路456号,在建南北高架时拆除了)。有相当数量的南京人进入上海后,择上海县城南门外定居下来,逐渐形成了一条以南京人集中居住的街区,于是,这里就被人们叫做"南京街"。

当1853年太平天国定都南京时,已有相当一部分苏南商人也随逃难人群进入上海。1860年时,以忠王李秀成率领的太平军东进,先后攻陷了镇江、常州、无锡、苏州等苏南浙北的大部分城市,于是,又有大批苏帮珠宝业商人进入上海,他们择城北侯家浜(今侯家路)一带设摊做生意。珠宝玉器是价格昂贵的商品,鉴别珠宝的优劣和真伪又是一门极为高深的学问,有些奸商利用消费者对珠宝缺乏识别能力,使用以次充好,以假冒真的手段牟取暴利,这不仅损害消费者的利益,而且还直接破坏了市场秩序和损害了守法商人的利益。同治十二年(1873年),以沈时丰为首的苏帮珠宝商人发起成立了一个叫做"珠宝业公所仰止堂"的同业机构。这个"仰止堂"名取得非常得体。《诗经》中有"高山仰止,景行行止"的句子,其大意是:"伟人崇高的品德犹如高山令人敬仰,他的品行永远是我们学习的榜样",同时,"玉出昆冈",美玉产自大山,是石的灵魂,"仰止"即告诫珠玉商人应该有玉石一样的高尚品德。设在侯家浜的珠宝业公所仰山堂也是珠宝市场的管理机构,章程规定:"不论珠宝翠玉,凡属赝品,概不准携入销售,致为本汇市名誉之累",绝对禁止伪劣商品进入汇市。仰山堂还是一个珠玉的鉴定和仲裁机构,客人如对该汇市出售的珠玉质量和价格发生疑问,可以到仰山堂的指定机构重新评估和仲裁。珠宝业公所仰山堂及珠玉汇市的建立,改变了上海珠玉商业的形象,促进了上海珠宝业的健康、繁荣发展,同时,也有利于商人的守法经营。

侯家浜珠玉汇市的兴旺,又吸引了原来分散经营的京帮珠宝商向侯家浜转移。由于京帮商人不愿受制于苏帮仰止堂约束,于是,京苏两帮的矛盾开始发生,并日益深化。光绪中期,珠宝业公所仰山堂计划创办一所同业子弟学校,要求各帮商人根据营业收入交付捐款。部分京帮商人认为京帮商人子弟须入该校求读者不多,拒绝交付捐款,于是双方发生争执,并从争执发展到冲突。上海知县为了维护市场和社会秩序,只得下令关闭汇

南京路的银楼

市。1908年秋,新上任的上海道蔡乃煌出面组织调停,双方才达成妥协。协议规定:京帮承认珠宝业公所仰止堂以及珠玉汇市属苏帮产业;苏帮同意,以五年为期,京帮必须建立自己的汇市,在京帮汇市建立之前,苏帮同意京帮商人仍在珠玉汇市中设摊营业。就在此协议生效的第二年(1909年)侯家浜填河筑路工程完成,沿路有若干空地,于是苏帮即集资二万六千余两购进原汇市对面的空地重建汇市——新珠玉汇市。为避免与京帮的冲突,又另建了珠宝业公所韫怀堂。"韫怀"一词出自西晋文学家陆机的《文赋》词句,讲:"石韫玉而山辉,水怀珠而川媚"——藏有美玉的大山才显辉丽,怀有宝珠的深水更显妩媚。几乎在此同时,京帮也集资购进原仰山堂的北面建立自己的汇市和公所,公所即沿用原珠宝业公所仰山堂旧名。

民国以后,根据《公会组织法》之规定,上海同业中必须建立同业公会,以替代原来的同业公所。于是原珠宝业公所仰山堂和韫怀堂同

南京路的银楼

时解散,另行建立统一的上海市珠玉业商业公会,址即今侯家路26号,即今上海玉石雕刻厂厂址。原汇市分别称振兴珠玉汇市(今侯家路73号)和新珠玉汇市(今侯家路25号)。解放后,政府提倡俭朴生活,珠宝玉器是高档商品而销量下降,原珠玉汇市也被改作他用。而如今,这里的旧建筑已被拆除,正在改造之中。

银铺是指打造和买卖金银饰品的铺子,同时也兼营贵重金属的兑换业务,一般只有在经济发达的中大城市才有。近代以后,受到太平天国战争的影响,原来开设在南京、苏州、杭州、宁波等城市的银业向上海转移,而近代上海经济的高度发展,使上海成为银业最发达的城市。金银饰品的价格昂贵,为了显示气派,更为了店铺的安全,上海的银铺大多为二层楼房,底层作为一般商铺,二楼才为银铺,于是,上海的银业称之"银楼"。上海商务印书馆1920年编印的《上海商业名录·妆饰品类·银楼》中收录了当时上海的银楼六十一家,也许有的读者会感兴趣,我将资料整理后,列表如下:

银楼名	当 时 地 址	经 理
九和	美租界吴淞路334—335号	
方九霞成记	英租界南京路24号(河南路口)	
方九霞新记	法租界小东门外	
方九霞润记	英租界南京路173号(红庙弄口)	
文宝	新租界新闸路1869—1870号	
王彩凤	老北门内晏海路18—19号	陈仲华
五凤	南市里马路王家码头86—87号	戚亭华
永新	新北门内陈市安桥堍40—41号	浦凤瑞
永源	新北门内陈市安桥堍43—44号	周炳钦

续 表

银楼名	当 时 地 址	经 理
永丰余	英租界山东路11号	刘禄卿
老物华	美租界北山西路1481—1482号	
老凤祥裕记	英租界南京路140号	费芸孙
老庆隆	美租界北浙江路225—226号	
老庆云甡记	小东门内宝带路40—42号	徐禄生
老宝成振记	大东门内朝宗路19—20号	费汝明
吴聚坤	美租界北河南路桃源坊102号	
周万成	南京王家嘴角125—127号	周鼎卿
周万兴	大南门内大街12号	周耀珍
於震和	法租界公馆马路478号	罗敦五
於震泰	法租界公馆马路352—354号	於子承
恒孚	英租界南京路82—83号	张清生
春华	英租界天潼路549—550号	
泰亨源方记	英租界北京路81号	姚明生
库元兴	法租界公馆马路余庆里1号	邬鸿彰
陆万华	美租界文监师路K2080号	
祥和恒记	新租界新闻路336号	
庄宝和	新北门内旧校场137号	庄一聘
费文元裕记	英租界南京路70号	张梅芳
景福元记	小东门内宝带路7号	徐萃生
裘九凤源记	南京大码头大街1580—1581号	
裘天宝德记	小东门口3号	
裘天宝礼记	英租界南京路246号	
杨庆和久记	英租界南京路156号	

续 表

银楼名	当 时 地 址	经理
杨庆和发记	英租界棋盘街 65 号	
杨庆和福记	英租界河南路 40 号	郑萃堂
源康德记	英租界广东路 169—170 号	陈元璋
新凤祥德记	英租界南京路 237 号	
虞永和	英租界福建路 723—724 号	王森盈
义和仁记	法租界公馆马路 162 号	林金水
万年	西门方斜路 101 号	
聚成	新租界新闸路 10—11 号	周宝生
聚和	英租界福建路 434—435 号	
聚兴	法租界公馆马路 355—357 号	孙尔昌
凤祥和记	小东门内大街 846 号	郑肃康
凤宝	新租界大沽路 50—51 号	
福和仁记	法租界恺自迩路 20 号	徐屏同
庆成	新租界大通路 476—477 号	赵珊伯
庆云仁记	英租界山东路 357 号	严志鋆
庆华	美租界北浙江路 234—235 号	林仁政
震泰	法租界公馆马路（东新街口）	
德和仁记	法租界公馆马路 466—468 号	李梅塘
乐祥云	美租界北河南路 654 号	乐俊芳
锦华	闸北大统路 12—13 号	王瑾卿
锦章	美租界海宁路 2532—2533 号	
锦福	南市大东门外王家嘴角 1 号	
鸿翔	新租界新闸路 1204—1205 号	
宝成裕记	英租界南京路 257 号	
宝成德记	英租界南京路 392 号	
宝源	新租界新闸路 1618—1619 号	
宝震	老北门内大街 32—33 号	庄长春
宝兴文记	美租界西华德路 2666 号	丁锦文

在《豫园内的同业公所》一文中引用的刻于同治七年的《上海县为庙园基地归各业公所自承粮告示碑》中记，1868年之前，上海的"银楼公所"已在豫园游廊内建立，近代以后，上海的银楼业发展很快，也是实力雄厚的行业，如清末《沪江商业市景词·首饰银楼》中说：

大小银楼数十家，装修步步斗奢华。

各般首饰多花样，能创新奇利倍加。

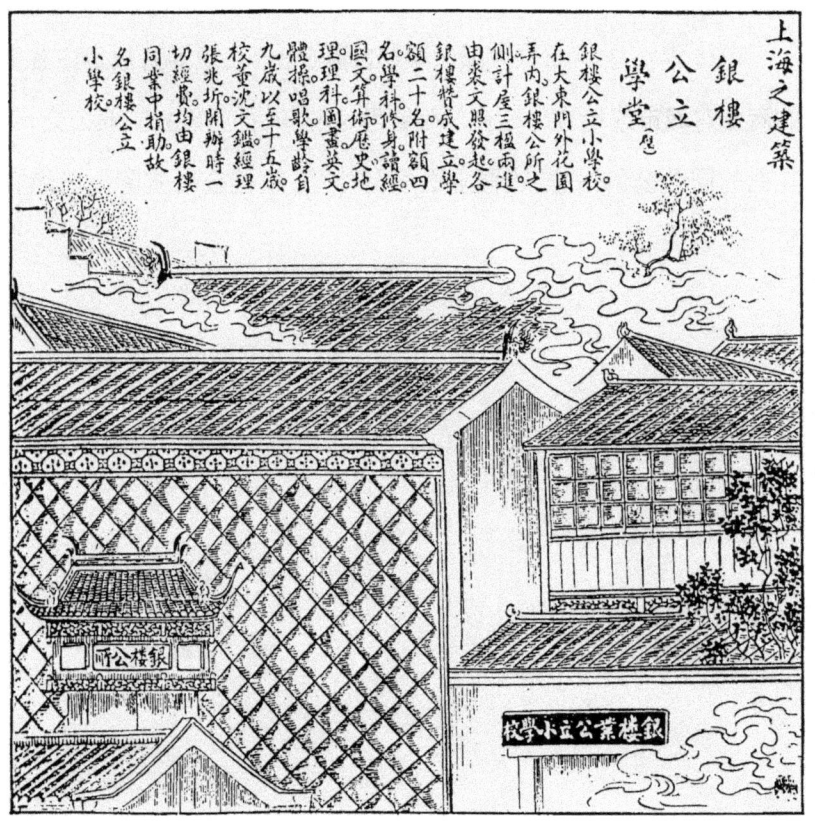

《图画日报》绘上海"银楼公立学堂"

> 层楼高笋匾高悬，为广招揽故斗妍。
>
> 引得妇人多爱买，满头金饰费盈千。

大概到了清代后期，银楼公所就迁到大东门外花园弄855号的自建楼内。1909年上海环球社出版《图画日报·上海之建筑·银楼公立学堂》中讲："银楼公立小学校，在大东门外花园弄内，银楼公所之侧。计屋三楹两进，由裘文照发起，各银楼赞成建立。"从绘画中可以看到这个"银楼公所"的大致形状。

1918年4月27日农商部颁布《公商同业公会规则》，规定由各地的商会对城市或地方的行业加强管理，相同的行业建立同业公会，与其他的同业公所一样，当同业公会建立后，银楼公所实际上已名存实亡。

上海的丝业会馆

在《茶叶业同业公所》一文中已经提到，在清咸丰五年（1855年）时，上海的丝业和茶业合组成一个"丝茶公所"，旧址在半段泾，相当于今蓬莱路一带。1860年太平军东进期间，被政府征用，作为"洋枪队"的兵营。丝和茶本来就是中国早期出口商品中的大宗，而且丝与茶也不是同类的商品，于是，丝业和茶业也趁这个机会分家，分别建立丝业公所和茶业公所。《丝业会馆征信录》中收有归安（今湖州）赵炳麟写于咸丰十一年（1861年）的《叙》，说："庚申夏，奉我浙王雪轩抚军檄令来申，禀承苏省吴晓帆方伯等筹办丝捐，以济浙饷。丝为浙产，麟亦浙人，国计乡情，两有裨益，麟不敏，而未敢固辞也。"庚申即1860年，王雪轩即王有龄，字雪轩，福建侯官（福州）人，初以捐纳为浙江盐大使，历任浙江慈溪、鄞县等知县，咸丰七年（1857年）奉命"整顿上海捐务"，新增捐银约106万两，旋晋江苏按察使、布政使，1860年擢浙江巡抚，指挥镇压太平军，1862年，杭州被太平军攻破，王自缢身亡。吴晓帆即吴煦（1809—1872年），浙江钱塘（杭州）人，字晓帆，又字晓舫，以捐纳任嘉定等县知县,咸丰四年(1854年)与上海英、法租界联合镇压小刀会,晋署理松江海防同知候补知府,筹办上海"烟酒捐局",制定对上海船货捐、洋药(鸦片)、洋布等厘捐。1861年,该局改组为"上海筹饷货捐局",相当于上海地方的税务局。1858年任护理上海道,1860年任上海道,与杨坊合作在上海雇佣外国军人组建"洋枪队",镇压太平军。

丝是中国最传统的出口商品,在各类出口商品中占最大的比值,出口的丝主要是生丝,即以土法将多只茧的丝缫成一根的丝,故又称"土丝"(后来用机器缫的丝称"厂丝")。浙江是中国丝茧的主要产区,而出口的生丝几乎全部集中于浙江北部的杭州、湖州、嘉兴三府,又以湖州的产量最大,又以南浔的市场最大。江南是水乡,河港交叉,近代以后,浙江的丝从湖州,南浔水运至上海,所以上海人称丝为"湖丝",丝栈为"湖丝栈",丝厂为"湖丝厂",丝厂女工为"湖丝阿姐"。由于水上交通方便,丝商往往花五六元就可以雇一条小船,将八十包至一百包的生丝运到上海,沿途没有关卡,到上海后直接卖给洋商。外国人也讲:"上海系新辟商埠,外商可以纯任己意,力谋发展,较诸从前在粤经商须受公行之支配者,不可同日而语"——不论是中国的丝商还是外国的洋行都在干偷逃税收的勾当。英国驻上海的领事每年要向他们的政府提供一份报告,回顾、总结上一年上海的贸易情况,后来汇编成《英国驻上海领事贸易报告汇编》正式出版,上海社科院李必樟先生译成中文版出版,其中《领事麦华陀1868年度上海港贸易报告》中说:"我估计1868年运去英国的生丝总数是35 658包。价格上落差很大。新的丝季开始时,对3号好丝开价到530到540两……到普遍动销时,

3号辑里丝的价格就达到555两……到7月底,价格上升至570两……8月中旬,价格升到585两……11月和12月,市场开过600两的价格,但这只是名义价格,因为买方在英国传来消息欠佳的情况下,不愿付出这么高的价格。"仅1868年从上海销往英国的生丝就达35 658包,如以每包550两的价格计算,总额就高达近2 000万两。我不知道当年生丝的出口税率,如以通常税率5%计算,税额就达100万两,还不包括出口到其他国家的生丝的征税。而政府对上海生丝市场的管理十分无力,于是,时任浙江巡抚的王有龄与上海道吴煦联手,在上海建立对丝的征税和管理机构。当时正处于战争状态,单靠政府的力量是难以实现的,于是就借用商人的力量,成立"丝业会馆",先由商业同业组织代行政府的职权,此在丝业会馆成立时订立的《公议丝业会馆规条》中也有反映,该规条说:

> 丝栈各有税捐,责成请领印簿,五家联保。案奉道宪谕饬遵办。嗣后,丝栈印簿,议由会馆禀请。所有新开丝栈,议捐会馆经费规钱壹百贰拾两。设席,会馆敦请同业认保,具禀请领转发开张。其丝栈逐年倒换印簿,向在新丝开市之际,禀领现议,于每年年终由会馆具禀道宪,给换新簿。自次年正月起,即将新簿挂号,旧簿只准销毁。如有旧栈改换新号,应照新栈之例捐备经费。办理所有领费,均由会馆公费用支给。如丝栈兼办茶业,另请茶簿挂号。其茶栈专请茶簿,不得挂丝,以免两歧。如愿兼办丝业,仍应归入会馆,请领丝簿,以昭划一。禀由道宪树案遵行。

所谓"印簿"就是今日讲的"发票",以官方发给,并印有印方印信而得名。丝业会馆是奉政府的指令创办的,所有的湖丝栈均为会员,新开的湖丝栈也必须成为会员后才准许开业,每年使用的商业发票也由会馆向政府申领,目的就是知道湖丝栈的货物进出情况,以便管理和征税。当然,规条也规定,会员以营业额"每百两提捐规银钱肆钱,以为之倡",各栈"每包提捐规钱壹钱",这是会馆的收入。

"丝茶旧有公所,城阛辽隔,寝废已久,别谋建竖,今犹未果。若专设会馆,栖养贸丝,病客次第,加办义举,以偿同人未逮之志,此正公不

《图画日报》绘"流氓调戏湖丝阿姐"

废私也。金以麟言为善,欣然从事,以情告抚军,抚军乐善不倦,捐千金为倡,敦嘱速成。同业感奋解囊,复谋增益之计,每岁约得经费若干千金。于是粤东徐钰亭都转首将盆汤弄空屋并毗连舍以及隙地,各贷金购成立,榜曰'丝业会馆'。"在丝业会馆建立之前,上海有一个"丝茶会馆",但已停办多时了,丝业应该有一个属于自己的同业团体,此得到同业的赞同,也得到浙江巡抚王有龄的支持,他带头捐了一千两,于是同人纷纷解囊,广东丝商徐钰亭(字昭珩,在上海开有绍祥丝栈。在上海开埠之初,上海出口生丝至少一半以上须运到广州后才装外轮出口)就将自己在英租界盆汤弄(山西路)的空房连同空地捐给会馆,1861年,丝业会馆就在这里建立。

丝业会馆是上海实力雄厚的同业公所,据记载,光绪四年(1878年)十一月初八上谕:

> 李鸿章奏绅商捐银助赈,请颁发善堂神灵匾额等语。上海果育善堂、广东东华善堂、浙江湖州仁济堂、上海丝业会馆于上年江苏海州、山东青州等处,今年直隶、河间,及山西、河南等处被灾,均各捐巨款,分投济赈,综计不下银五十余万两,实属好义急公,有裨荒政。该善堂、会馆向俱崇奉关帝,神灵佑助,寅感实深。着南书房翰林恭书匾额四方,交李鸿章祗领分交各该地方官,饬发各善堂、会馆,悬挂关帝神前,以答灵贶而顺舆情。钦此。

清朝的表彰制度规定,个人或社会团体为修城垣、衙门,或捐款用于军费、慈善额在二千两以上者,就可给予"急公好义"的表彰荣誉,并准许建造"急公好义"牌坊。在两年中,上海的果育堂、丝业会馆及广东东华堂、湖州仁济堂为赈灾捐款总额达五十余万两,经李鸿章奏请,光绪皇帝上谕给以表彰,特命南书房翰林制匾四方,善堂、会馆各得一方,其中丝业会馆匾为"仁敷地纪"。这虽不是御匾,也称得上是皇匾,十分珍贵,不知该匾如今是否存世。

浙江出口的生丝大多在产地用土法缫制,效力低、产量少,工价高,质量差,这些生丝运到欧洲后还须重新缫制。于是,在19世纪60年代,总部设在上海的英商怡和洋行就将缫车运进上海开办怡和丝厂。早期,中国与外国签订的均为"通商条约",准许外国人在中国的通商口岸经商,做生意,不准投资建厂,直接生产商品,所以,怡和丝厂刚开业就被上海道下令关闭了。19世纪80年代初,又有怡和丝厂、旗昌丝厂、公平丝厂开业,仅一年后又被上海道下令关闭。1895年中日《马关条约》准许日本人在中国的通商口岸投资建厂,并将生产的产品销往中国各地。根据"最惠国条约"原则,任何与中国签约的国家同时获得该权利,于是上海的缫丝厂、丝绸厂大量出现,所谓的"丝业"已不局限于生丝贸易业,还包括与丝相关的其他行业。上海除丝业会馆外,还先后出现丝厂茧业公所、绸业公所等。1918年,农商部又颁布《工商同业公会规则》,责令各地的商会根据地方的实际情况,建立同业公会,原来称之会馆或公所的同业团体不再是同业的法定组织,会馆、公所均陷入名存实亡的处境。只有在会馆、公所的建筑,或原来的不动产仍旧存在的情况下,它们才能继续生存下去。

丝业会馆旧址长期在盆汤弄，也就是今山西南路与宁波路相交处的西南转角。约20世纪初，会馆的部分土地被建为民宅，今山西南路255弄旧名"丝业会馆弄"，就是以丝业会馆得名的。不过，我已很久没有到过那里，这条弄堂及弄内的建筑是否有变化，不得而知。丝业会馆的主建筑于20世纪50年代拆除，当时上海市历史博物馆的同志就将丝业会馆的砖刻门匾作为文物征集，至今仍躺在上海市历史博物馆的文物仓库里，也许只有等新的历史博物馆开张，这"丝业会馆"砖刻门匾才能重见天日。

附：清代至民国初年上海会馆公所一览表

名　　称	创始年代	长期馆所地点	备　　注
关山东公所	清顺治初	自忠路重庆南路东南角	关东山东船运、豆麦商人购地建义冢后荒废。1901年在原址建山东会馆。
商船会馆	康熙五十四年	董家渡会馆街30—50号	在沪各帮沙船商同业公所，历年扩建。建筑尚在，等待改造。
钱业公所	雍正年间	豫园内园晴雪堂	乾隆时正式迁入内园。
徽宁会馆	乾隆十九年	徽宁路655号两侧	安徽徽州、宁国两府同乡、同业会馆。多次重建。
泉漳会馆	乾隆二十二年	外咸瓜街94弄2号	福建泉漳、漳州两府商人公建。
青蓝布业公所	乾隆三十二年	豫园内得月楼	后改组为布业公所得月楼。
肉庄业香雪堂	乾隆三十六年	豫园内玉华堂	沪、苏、宁三帮肉业公所，公所建立后改原玉华堂为香雪堂。
潮州会馆	乾隆四十八年	阳朔路105号	广东潮州府八邑商人公建。后因同乡意见相左，为潮州府海阳、澄海、饶平三邑会馆。
浙绍公所	乾隆年间	福佑路339号	浙江绍兴府钱业、炭业商人公建。后炭业分出，另建煤炭公所。
药业公所	乾隆五十三年	药局弄85弄内	大殿供药王炎帝，又称"药王庙"。
京货帽业公所	乾隆年间	豫园内飞丹阁	
四明公所	嘉庆二年	淮海东路南侧	旅沪宁波人会馆，淮海东路旧名"宁波路"，即以该会馆得名。
北货行公所	嘉庆十四年	凝和路	又名"南阜公墅"。

续 表

名　称	创始年代	长期馆所地点	备　注
饼豆业公所	嘉庆十八年	豫园内萃秀堂	旅沪大豆、豆油、豆饼业同业公所。
建汀会馆	嘉庆年间	徽宁路南,西藏南路东	福建建宁、汀州两府商人公建,初在董家渡,道光五年迁此重建。
洋广衣业公所	嘉庆二十二年	硝皮弄89号	浙江宁波、江苏苏州成衣业公建。
浙宁会馆	嘉庆二十四年	荷花池弄37号	浙江宁波船运商同业公所,初名"天后行宫",咸丰五年称今名。
点春堂公馆	道光初	豫园内点春堂	福建汀州、泉州、漳州三府糖业、洋货业商行共建。
揭普丰会馆	道光初	盐码头街51号	广东潮州府揭阳、普宁、丰顺三邑商人从潮州会馆分离而建。
祝其公所	道光二年	里郎家桥	江苏赣榆县青口镇船号商公建,赣榆旧名"祝其"。
水木业公所	道光三年	硝皮弄95号	
潮惠会馆	道光十九年	中山南路471—479号	广东潮州府潮阳、惠来两帮脱离潮州会馆后自建。
江西会馆	道光二十一年	南区街57号	以江西南昌籍为主的旅沪同乡、同业团体。
布业公所得月楼	道光三十年	豫园得月楼	改组青蓝布业公所建立。
花业公所	道光季年	梅家弄11弄	上海棉花业商公建,咸丰三年后迁今址重建。
红帮木业公所	咸丰三年	虹口港东岸,长治路桥北	"红帮"义同洋帮,外商船舶修造厂中国木匠同业组织。又称"输子庙"。

续 表

名　称	创始年代	长期馆所地点	备　注
丝茶公所	咸丰三年	蓬莱路303弄一带	同治年间，丝、茶分作二家，各建会馆，旧址被建为慈善团体普育堂。
腌腊公所	咸丰六年	外咸瓜街盐码头街口	
油麻公所	咸丰六年	太平弄181号	
洋布公所	咸丰六年	山西南路福州路北	堂名"振华堂"。
木商会馆	咸丰六年	生义码头街，中山南路西	以福建木商为主的同业公所，会馆建筑已移迁青浦大观园。
丝业会馆	咸丰十年	山西南路255弄内	浙江丝商从丝茶公所分离而建。
茶业会馆	咸丰十年	天津路182弄乾记里内	旅沪茶商从丝茶公所分离而建。
洞庭东山会馆	同治初	丽园路423—519号	又称"莫釐三善堂"。
先春公所	同治初	东门外孙家弄	上海茶馆业同业公所，茶叶于先春萌芽，开春采摘，故称"先春"。
锡金公所	同治初	海宁路1046号	清代，无锡分作无锡和金匮两邑，民国初又并作无锡县。建筑已移青浦大观园内。
旧花业公所	同治七年前	豫园路110号	旧棉花业同业公所，堂名"清芬堂"，又称"桂花厅"。
鞋业公所	同治七年前	豫园	
牛肉店公所	同治七年前	豫园	
酒馆业公所	同治七年前	豫园	
银楼业公所	同治七年前	豫园	

续表

名　称	创始年代	长期馆所地点	备　注
乡柴行公所	同治七年前	豫园	
铁砧业公所	同治七年前	豫园	
沙柴业公所	同治七年前	豫园	
烟业公所	同治五年	复兴东路中华路东	
米麦杂粮公所	同治八年	复兴东路中华路西	
京江公所	同治八年	西藏南路547弄47号	镇江豆麦业商人公建。镇江别称"京江"。
纸业公所	同治十一年	福佑路153—161号	
广肇公所	同治十一年	北京东路四川中路西北角	广州、肇庆二府同乡会馆。公所址几经变化。
靛业公所	同治十二年	蔡阳弄	
珠宝业公所仰止堂		侯家路73号	
浙绍公所永锡堂	同治年间	顺昌路550—560号	浙绍公所下设机构,主要代理同乡的殡葬。
药业会馆	光绪三年	里咸瓜街81—85号	药材业同业公所。
煤炭公所	光绪二年	福佑路,丹凤路西	绍兴炭业从浙绍公所分出建立。
汇业公所	光绪二年	七浦路186号附近	又称"山西票号公所"、"汇号公所"。
杭绸公所			
火腿公所	光绪六年		
江宁公所	光绪六年	新闸路508号,成都路西	江苏南京旅沪同乡人团体。

续 表

名　称	创始年代	长期馆所地点	备　注
南市钱业公所	光绪九年	北施家弄	
鲜果业公所	光绪十四年	毛家弄303号	
沪北钱业会馆	光绪十四年	塘沽路730号	
四明肉业诚信会			
衣庄公所	光绪十二年	天灯弄49号	上海成衣业同业公所。
糖业公所		豫园点春堂	
裘业公所	光绪十四年	学院路112弄附近	
乌木公所		未详	即红木业同业公所。
湖南会馆	光绪十二年	制造局路30号	
平江公所	光绪七年	新闸路635号大田路口	苏州旅沪同乡会馆。苏州曾称"平江"。
楚北宝善堂	光绪十五年	侯家路	
花树业公所	光绪十七年	多稼路中山南路口	
纱布公所		毛家弄312号附近	南通、启东、崇明土布业同业公所。
金银实业公所	光绪十八年	薛弄底街	
典业公所	光绪十九年	吴家弄39号	又称"典质公所"。
参业公所	光绪十九年	老太平弄195号	
酱业公所	光绪二十年	福佑路117号	
三山会馆(沪北)	光绪二十三年	云南路福州路口东南角	福建福州果橘业同业公所,福州城里有三座山,别称"三山"。
淮扬公所		闸北大统路底,太阳山路	

续　表

名　称	创始年代	长期馆所地点	备　注
山东会馆	光绪二十三年	自忠路 455 号	
汉帮粮食业公所	光绪二十七年	福佑路	
海昌公所	光绪二十八年	闸北蕃瓜弄内	浙江海宁丝业同乡、同业公所。海宁旧称"海昌"。
台州公所	光绪二十八年	蒙自路斜徐路东南角	
铜锡公所	光绪三十年	陆家浜路 1047 号	
金业公所	光绪三十一年	北无锡路	
药业饮井公所	光绪三十一年	外仓桥街	
震巽木业公所	宣统元年	福佑路 43 弄 4 号	进口洋木业同业公所。
冰业公所	宣统元年	北四川路公益坊内	
砖灰业公所	宣统二年	金家牌楼	
冰鲜业公所			
沪绍水木业公所	光绪三十三年	硝皮弄 95 号鲁班殿	
嘉郡会馆	光绪三十三年	闸北太阳山路	
梓业公所		西苍街	刻字、印刷业同业公所。
集义公所	光绪三十三年	晏公庙旧址,今老西门一带	东洋庄,即经营日本海产杂货商业同业公会。
江阴公所	宣统元年	江阴街 329 号	
常州八邑会馆		斜桥南	
纱业公所		安庆路 344—348 号	
丝绸业公所		山西南路福州路口	

续 表

名　称	创始年代	长期馆所地点	备　注
南北报关公所		蓬莱路 121 号	
三山会馆(沪南)		中山南路 1551 号	福建福州果橘贩运,批发商同业公所。
山东河南丝绸业公所		山海关路	
五金木器洋货公所		人民路 375 号	
方作公所		尚文路	旧时称木桶制作为"圆作",棺材制作为"方作"。
北市糖业公所		豫园内点春堂	
皮业公所		丽园路	皮革业同业公所。
西烟公所		油车码头街	
纱花公所		东棋盘街	南通、海门棉花商人同业公所。
金陵染业公所		西藏南路,陆家浜路南	
南货公所		硝皮弄 47 号	
南帮米商公所		花衣街竹行弄	
砂石公所		吴淞路	建筑材料同业公所。
信业公所		里咸瓜街	民信业同业公所。
浙绍哔布公所		蓬莱路	浙江绍兴洋布商同业公所。
浙湖绸业公所		山西南路	浙江湖州丝绸商人团体。
书业公所		新北门内	
海味公所		豫园点春堂隔壁	海产品商同业公所。
茶食公所		中华路 1370 号	零食商同业公所。
泰兴酒业公所		三牌楼路,昼锦里南	

续表

名 称	创始年代	长期馆所地点	备 注
浦东公所		中山南路1124号	早期的浦东同乡会。
宴业公所		七浦路,河南北路东	
酒馆公所		豫园路42号	
麻袋公所		四牌楼路	
绍酒公所		顺昌路550—560,浙绍永锡堂内	
梳妆公所		光启路	
梨园公所		方浜中路593号	伶人同人团体,这一段的方浜中路旧名"梨园路"。
鱼业公所		小东门内宝带弄	
蛋业公所		小东门内宝带弄	
丝厂茧业公所		山西北路,海宁路北	
湖州会馆		闸北会文路	会文路旧名会馆街
云锦公所		福建北路69弄内	
蜀商公所		花园路西江湾路	四川旅沪商人团体。
沪浙饭业公所		硝皮弄	
银炉公所		天潼路657弄内	清代至民初,进入上海的白银须重新冶炼成规定成色的银块,此即银炉业。
铜锡公所		长阳路	
漂业公所		俞家弄中华路口	
齐安公所		侯家路计家路口	烟叶商同业公所。
漆业公所		淘沙场街	

续 表

名　称	创始年代	长期馆所地点	备　注
面粉公所		吾园街	
厨业公所		药局弄	
瓷业公所		小东门内陆家宅路	
麸业公所		豆市街	
猪业公所		大东门外孙家弄	屠宰业同业公所。
剃发公所		鸡毛弄1号,近多稼路	
颜料杂货公所		紫霞路篾竹路口	
鬃业公所		蒙古路	猪鬃出口商业同业公所。

说明：

1. 本表参照《光绪上海县续志·卷三·会馆公所》，以及《上海碑刻资料选辑·附录·清代上海主要会馆公所一览》，以会馆公所创始年代时间顺序排列。部分则根据作者的研究作调整。

2. 本表后面未标明创始年代者，系根据民国初出版的各类《上海指南》收录，因创始具体时间未详，不作记录。

3. 旧志所记会馆公所的地址较简，且地名已发生很大的变动，许多地名已湮没，作者逐一考订后，以会馆公所所处的今地址标明，无法确定门牌号者，只用路名，或在某路与某路的某方向标明。

4. 一些会馆公所在民国时就已拆除，改作他用，本表不作说明。

5. 清末民初创建的一些会馆公所没有属于自己的会所，多租赁民宅为之，会所地址会有搬迁、变更，无法一一说明，只取其最初或早期的会所地址。

图书在版编目(CIP)数据

老上海会馆公所 / 薛理勇著. —上海：上海书店出版社,2015.8
(薛理勇新说老上海)
ISBN 978 - 7 - 5458 - 1114 - 8

Ⅰ.①老… Ⅱ.①薛… Ⅲ.①会馆公所—史料—上海市 Ⅳ.①K928.71

中国版本图书馆 CIP 数据核字(2015)第 154594 号

责任编辑 沈佳茹
技术编辑 丁 多
装帧设计 郦书径

老上海会馆公所
薛理勇　著

出　　版　上海世纪出版股份有限公司上海书店出版社
　　　　　（200001　上海福建中路 193 号　www.ewen.co）
发　　行　中国图书进出口上海公司

版　　次　2015 年 8 月第 1 版

ISBN 978 - 7 - 5458 - 1114 - 8/K.191

www.ingramcontent.com/pod-product-compliance
Lightning Source LLC
Chambersburg PA
CBHW070738160426
43192CB00009B/1486